JFK 暗殺60年

機密文書と映像・映画で解く真相

瀬戸川宗太

ワニブックス

はじめに

ケネディ大統領が暗殺された時、私はまだ小学校五年生だった。今から約六〇年前の出来事だが、母親の「ケネディ大統領が殺されたわよ」という声で、朝、眼が醒めたのをよく覚えている。

暗殺の第一報は、偶然にも日米のテレビ衛星放送開始日と重なっていた。この大事件は、少年時代の思い出と深く結びついているため、本書の出版は、私にとっても極めて重要な意味を持つ。

少年期が、人間形成にかけがえのないものだけに、ケネディ暗殺の真相を追求するのは、過去の真実を知るだけでなく、人生にとって貴重な日々の意味を考え直す作業を伴う。悲劇が起きた一九六三年前後の雰囲気は、今でもありありと脳裏に焼き付いている。

それに、ケネディ政権時代のアメリカ社会が持つ活気あふれる姿は、海外テレビドラマやハリウッド映画を通して、リアルタイムで実感していた。

なにしろ、私は同時代のアメリカのテレビ番組や映画についての本（『思い出のアメリカテレビ映画』（平凡社新書）等）を何冊か出版しているほどだから、日本に居ながらも、当時のアメリカ国民の感覚をかなり理解できる環境にいたといえよう。それゆえケネディ暗殺というショッキングな事件を、身近に感じていたのに違いない

昨年（二〇二三年）の一一月二二日は、ケネディ暗殺六〇周年だった。そのため、オリヴァー・ストーン監督のドキュメンタリー映画『JFK／新証言　知られざる陰謀【劇場版】』（二〇二一）が日本でも同年一一月一七日に公開されたから、一九九一年に世界的に大ヒットした同監督の『JFK』もまた、テレビ等で放映される機会も増えるのではないか。再び話題になるのを大いに期待している。

本書は、一九六三年一一月二二日のダラスでの悲劇の今日における歴史的意義を、映画やドキュメンタリー作品を基に明らかにしたものだ。執筆しながら、再認識したのは、映画、映像の持つ絶大な力である。そしてケネディ暗殺は、決して過去の出来事などではなく、現代に生きる我々の未来と固く結びついていることに他ならない。

瀬戸川宗太

映像で読むケネディ暗殺論変遷史

ケネディの個人史とその人物評価

rom Montana [Mr. Mansfield], and
minority leader, the Senator from
ois [Mr. Dirksen], was held at 10
ck a.m., in connection with arrange-
s for the funeral ceremonies for the
President of the United States, John
ennedy.

e meeting was called to order by

That action, with which Senators are
familiar, was taken at an unofficial meet-
ing of Members of the Senate called by
the majority leader and the minority
leader for 10 o'clock a.m., today. In
order that such proceedings may be given
full legal effect, I submit the following
unanimous-consent request; namely:

shadow of a people's grief, Thou
hear the sobbing of a stricken na
But we come with the comfort that T
knowest what is in the darkness,
that the darkness and the light are
alike to Thee.

For the stewardship in the brief
epochal years of the young and gal

〈第4章〉

陰謀論について

テレビ時代がケネディを勝利へ導く――

ベトナム戦争と「ケネディ神話」の崩壊

映画『JFK』と「ケネディ神話」の復活

偉大なアメリカを望む国民の思い――

振り返る、松本清張の「米情報機関陰謀説」

国際的暗殺の起源=共産党権力の確立

陰謀論のもう一つの重要な役割

陰謀論が果たす現代的な意味、国際共産主義の陰謀を暴く

D.D., offered the following

of the living and of the living
As in this hour we bow in the
y of a people's grief, Thou dost
he sobbing of a stricken nation.
come with the comfort that Thou
t what is in the darkness, and

RECORD, respectively, for Friday, Novem-
ber 22, 1963, with respect to the order
and motion for adjournment until Mon-
day, November 25, 1963, at 12 o'clock
noon, be amended, at the appropriate
places, therein, to provide that, instead
of an adjournment until noon, the Sen-
ate adjourn until 10 o'clock a.m., on
said day; and

good workmen. In the profile of co
age, of vision, and of faith which Jo
F. Kennedy etched upon the darke
sky of these agitated times, in his
alted place of leadership, we behold
image of our America which alone
make sure the survival of our freedom
And now that the valorous sword

〈第5章〉

関連する政治・社会派映画

安倍晋三元首相暗殺

エピローグ

参考文献

※敬称につきましては、一部省略いたしました。
役職は当時のものです。
※写真にクレジットがないものは、パブリックドメインです。

装丁・本文デザイン　木村慎二郎
写真協力　公益財団法人　川喜多記念映画文化財団
株式会社　コスミック出版

United States
of America

Congressional Record

PROCEEDINGS AND DEBATES OF THE 88th CONGRESS, FIRST SESSION

WASHINGTON, MONDAY, NOVEMBER 25, 1963

Senate

The Senate met at 12 o'clock meridian, and was called to order by the President pro tempore.

AMENDMENT OF SENATE JOURNAL AND CONGRESSIONAL RECORD

Mr. METCALF. Mr. President, the sudden and tragic death of the President of the United States since the adjournment of the Senate on Friday last made it highly important and desirable that certain action should be taken by the Senate prior to 12 o'clock noon today—the hour to which the Senate on Friday adjourned.

That action, with which Senators are familiar, was taken at an unofficial meeting of Members of the Senate called by the majority leader and the minority leader for 10 o'clock a.m., today. In order that such proceedings may be given full legal effect, I submit the following unanimous-consent request; namely:

That the Senate Journal and the permanent edition of the CONGRESSIONAL RECORD, respectively, for Friday, November 22, 1963, with respect to the order and motion for adjournment until Monday, November 25, 1963, at 12 o'clock noon, be amended, at the appropriate places, therein, to provide that, instead of an adjournment until noon, the Senate adjourn until 10 o'clock a.m., on said day; and

That the informal meeting of the Members of the Senate, above indicated, be deemed to have been a duly authorized session of the Senate, and the action taken therein is hereby validated and approved as a part of its official proceedings of today.

The PRESIDENT pro tempore. Is there objection? The Chair hears none, and it is so ordered.

The proceedings of the informal meeting are as follows:

An informal meeting of Senators, called by the majority leader, the Senator from Montana [Mr. MANSFIELD], and the minority leader, the Senator from Illinois [Mr. DIRKSEN], was held at 10 o'clock a.m., in connection with arrangements for the funeral ceremonies for the late President of the United States, John F. Kennedy.

The meeting was called to order by the President pro tempore.

The Chaplain, Rev. Frederick Brown Harris, D.D., offered the following prayer:

God of the living and of the living dead: As in this hour we bow in the shadow of a people's grief, Thou dost hear the sobbing of a stricken nation. But we come with the comfort that Thou knowest what is in the darkness, and that the darkness and the light are both alike to Thee.

For the stewardship in the brief but epochal years of the young and gallant captain who has fallen at his post, we give thanks to Thee, the Master of all good workmen. In the profile of courage, of vision, and of faith which John F. Kennedy etched upon the darkened sky of these agitated times, in his exalted place of leadership, we behold the image of our America which alone will make sure the survival of our freedom.

And now that the valorous sword has fallen from his lifeless hands, he seems to be calling to us in the unfinished tasks which remain.

Others will sing the song
Finish what I began
What matters I or they
Mine or another's day
So the right word be said
And life the purer made.

In the Nation's poignant loss, may there come to those whose hands are at the helm of this dear land of our

21595

ケネディ大統領暗殺事件 上院議会記録（1963年11月25日）

プロローグ

Congr… …nal R…

…ROCEEDINGS AND … 88th CONGR…

…ASHINGTON, … …EMBER 25, 1…

…he Senate met at 12 o'clock
was called to order by the
tempore.

…ENDMENT OF SENATE
…ND CONGRESSIONAL R…

…r. METCALF. Mr. Pres…
…len and tragic death of the
…he United States since the
…t of the Senate on Friday
…ighly important and desi…
…ain action should be tak…
…ate prior to 12 o'clock noo…
hour to which the Senate
…urned.
…hat action, with which Se…
…liar, was taken at an unoff…
…of Members of the Senate
majority leader and the
…er for 10 o'clock a.m., …
…r that such proceedings m…
legal effect, I submit the
…nimous-consent request; …
…hat the Senate Journal an…
…ent edition of the Con…
…ord, respectively, for Frida…
22, 1963, with respect to
motion for adjournment …
November 25, 1963, at …
…, be amended, at the a…
…es, therein, to provide th…

…nal meeting of S…
…majority leader, th…
…tana [Mr. Mansfie…
…leader, the Senat…
Dirksen], was hel…
…in connection with a
…funeral ceremonies
…t of the United Stat…

…ng was called to o…
…t pro tempore.
…lain, Rev. Frederick
…, offered the f…

…e living and of th…
this hour we bow
…people's grief, Th…
…bing of a stricken
with the comfort th…
…at is in the darkn…
…kness and the light …
…e.
…ewardship in the b…
…s of the young and
has fallen at his …
to Thee, the Mast…
…en. In the profile …
…, and of faith whi…
…etched upon the d…
agitated times, in
…f leadership, we be…
…r America which a…

中国、北朝鮮、韓国の現況を知れば知るほど、二〇世紀の東アジア近・現代史におけるこれまでの歴史解釈が、根本的に間違っていたのではないかとの思いが深まっていく。文芸評論家小林秀雄が『学生との対話』（新潮文庫）の中で、歴史哲学者クローチェの発言を引用しながら、「歴史を知るというのは、みな現在のことです」と述べた言葉が、氏の洞察力に富んだ歴史観と共に蘇ってくる。

日本国民は、大東亜戦争に敗れた後、同戦争の呼び名が、「太平洋戦争」や「十五年戦争」といった曖昧模糊（あいまいもこ）とし、かつ日本批判を意図した名称にすり替えられても、なんら疑問を抱かずに今日に至っているが、もうそろそろＧＨＱ（連合国軍最高司令官総司令部）占領時代の洗脳から醒めてもいいのではないか。要は現状を素直に受け入れ、そこから近・現代史を俯瞰（ふかん）すれば、極端な誤りはおかさない。

中国や東アジアの全体主義勢力が、いかに我が国の軍国主義や過去の侵略なるものをあげつらい、欧米諸国の民主主義の偽善性を槍玉に挙げても、東アジア諸国自身の独裁政治や無法国家の生々しい現実を消し去ることはできないからだ。

中国のチベット侵略、ウイグル族に対するジェノサイド（民族大量虐殺）や南モンゴル族、香港の人々への容赦のない弾圧、台湾への公然たる戦争挑発、北朝鮮による拉致や核兵器・ミサイル発射の実験や威嚇、韓国政府による国内外法秩序の破壊、反日プロパガンダの恒常化は、あまりにもあからさまで、隠し通すのはもはや不可能である。日本人は、これらの事実をあるがままに認識し、過去を振り返ればよい。

そうすれば、東アジア諸国が八〇年前とそれほど変わっていないことにすぐ気づくだろう。そもそも一〇〇年やそこらで民族や国家の本質が変化するはずもなく、現状から過去の歴史を類推するのが、最も理にかなっている。二〇世紀の東アジア史を紐解けば、中国の漢民族は、古くからウイグルや南モンゴル等少数民族を抑圧していた。

一方、そんな時代、日本は東アジアに進出し、欧米帝国主義諸国の一翼を占めたが、立憲君主制国家として、国際法や国内法に基づく行動をとっていたわけである。当時、東アジアで近代憲法を持った民主主義国家は我が国しか存在していなかった。

また「歴史修正主義」という用語も、長年意図的に使われてきた。例えば、かつて朝鮮戦争(一九五〇~一九五三年)はアメリカが始めたといわれ、北朝鮮や中国等の共産国だけでなく、日本共産党など我が国の左翼も「アメリカ帝国主義による侵略戦争」と大宣伝していたが、現

1963年6月、アメリカン大学卒業式で、平和の大切さを訴えるケネディ大統領

ケネディ大統領と、隣の席でダラス市民の歓呼に笑顔で応えるジャクリーン夫人

『ダラスの熱い日』 出典：川喜多映画記念館

在では、北朝鮮が「南朝鮮解放」をスローガンに三八度線を越え攻撃を仕掛けたのが、あらゆる記録・資料によって証明しつくされている。おかげで、当の日本共産党でさえ、北朝鮮が始めた戦争であることを認めざるを得なくなり、朝鮮戦争時の見解を一八〇度変えているではないか。

歴史が、新しい証拠の発見により書き変えられていくのは、ごく当然のことで、歴史修正主義でもなんでもない。本来、歴史修正主義とは、ナチスドイツによる「ユダヤ人大量虐殺はなかった」とするヒトラーのホロコーストを否定する歴史の書き変えに対し使用された概念だった。

そもそも、戦前、戦中、戦後を通して、ユダヤ人と友好関係を続けてきた日本とユダヤ迫害は全く無関係な話で、第二次世界大戦中、多くのユダヤ人をナチスの脅威から救った杉原千畝（すぎはらちうね）や我が国の満州における民族政策をちょっと調べるだけでも、それは一目瞭然である。むしろ、大東亜戦争中のホロコーストとは、アメリカによる広島・長崎への原爆投下を指し、我が国は被害者の立場にあるのを忘れてはならない。

以上の経過から見えてくるのは、二〇世紀において、大量虐殺や戦争犯罪勢力として糾弾されるべきは、ヒトラーのナチズムと、それ以上に人々を抑圧し、ジェノサイドを繰り返してき

ダラスのラブ・フィールド空港を、リムジンに乗り、出発する大統領一行。ケネディ大統領の前にコナリーテキサス州知事が座っている

ラブ・フィールド空港で、歓迎のために贈られた赤いバラを手にしたジャクリーン夫人とケネディ大統領。心配されていた歓迎反対派の目立った動きはなく、二人の表情から笑みがこぼれる

『ダラスの熱い日』　出典：川喜多映画記念館

た共産主義で、中華人民共和国の成立に大きな役割を果たした毛沢東が、ヒトラーやスターリンと並び称されるのは、今や欧米は勿論、民主主義諸国の共通認識となっている。中国の現国家主席習近平や北朝鮮の金正恩（キムジョンウン）が、いずれも毛沢東やスターリンの政治・思想を受け継ぐ直系の共産主義者であるのは言うまでもない。

但し、習近平については、中国共産党独裁下の国家資本主義体制をその基盤にしているため、一九三〇年代の国家資本主義と結びついたファシズム体制下のヒトラーと政治手法が益々似てきているのに留意すべきだ（香港民主化闘争時、習近平をヒトラーとなぞらえた映像記録がいくつも残っている）。いずれにせよ、今日、戦争挑発を繰り返し、人権抑圧国家として特異な姿を露（あら）わにしているのは、中国と北朝鮮である。

また、両国と歴史的に深い繋がりをもつロシアと韓国は、権威主義的な非民主主義的国家で、これらの諸国に取り囲まれている我が国は、現実を直視し、これまでの誤った歴史観を早期に払拭（ふっしょく）しないと、それこそチベットのように国ごと中国に呑（の）み込まれ、日本人自身が手ひどい弾圧を受けることになろう。

そこで、これまで極秘扱いされてきた文書の公開により、新たな歴史の全貌が浮かび上がってきた一九六三年一一月二二日に起きたジョン・F・ケネディ大統領暗殺事件について詳述していく。というと、以上述べてきた東アジア諸国や共産党独裁の歴史と何の関係があるのかと、いぶかしく思う人もいるかもしれないが、実はダラスでの大統領暗殺も、共産国による犯行だったという驚愕（きょうがく）の新事実が次々と明らかになっている。

同事件は、ダラス市内をリムジンでパレード中のケネディ大統領を、何者かがライフル銃で狙撃し殺害した。

暗殺後間もなく、現場から少し離れた路上で警察官一名を銃で射殺し逮捕された男、リー・ハーベイ・オズワルドは、大統領暗殺の重要容疑者ともなって警察の取り調べを受けたが、二日後、ダラス警察署の地下出口で、市内のストリップ劇場の経営者ジャック・ルビーに拳銃で撃たれ、殺されてしまう。

容疑者のオズワルドは、ソ連に二年間亡命していたので、当初はソ連等共産主義者による犯行説が有力視されていたが、その説はいつのまにか立ち消えになり、ケネディ政治に不満を持った国内勢力による犯行だという見解が台頭して、大きな謎を秘めたまま今日に至っている。だが、二〇一七年の機密文書公開により再び、共産国の陰謀説が浮上してきた。

本論考を読み進めるうちに、読者は国際共産主義による過去の謀略や浸透工作の巧妙さと広がりの大きさを改めて認識し、「プロローグ」冒頭の歴史解釈見直しの重要な意味が分かってくるに違いない。

また二〇一七年の機密文書公開は、大東亜戦争後に我が国で発生した一連の奇怪な事件（下山事件、三鷹事件、松川事件をはじめ、グリコ森永事件等、昭和期の未解明事件群）の謎を解くうえでも、重要なヒントを与えてくれるだろう。

文書公開で浮上した驚愕の真実

ＪＦＫ暗殺陰謀論の歴史的意義

ケネディ暗殺の機密文書は、二〇一七年一〇月に公開され、我が国でも報告されたから記憶されている人も多いのではないか。

しかしその際、一部未公開文書があったため、日本のマスコミ報道はそのことばかりに終始し、肝心の公開された文書によって判明した新事実のほうはないがしろにされて、きちんと報じられなかった。

それでも、機密文書公開についての番組を、「ヒストリーチャンネル（衛星放送）」が放映したのは大いなる功績といえよう。が、日本のマスコミはせっかくの同番組にも全く関心を示さなかった。日頃、真偽（しんぎ）の疑わしいニュースを面白おかしく垂れ流すのに、なんとも不可解な対応といわねばならない。

私は『夕刊フジ』で、同番組の内容を引用しながら、文書公開の重要性について簡単に解説したが、奇妙なことにごく少数の情報問題専門家以外は同番組が伝えた新事実を無視したのである。以上は、中国や北朝鮮サイドに益々のめり込んでいく現在の我が国マスコミ主流派（左翼・リベラル派）の本質に関わる問題であり、後でその代表たるＮＨＫの番組を例に挙げ、問題点を具体的に解説しよう。

ところで、私は『「ＪＦＫ」悪夢の真実　ベトナム戦争とケネディ暗殺のシネマ学』という本を一九九五年一〇月に社会思想社から出版している。幸い、映画批評界やマスコミで好意的に扱われ、映画専門誌『キネマ旬報』一一八五でも高く評価していただき、同書の書評が掲載された号（一九九六年三月上旬号）では、映画『ニクソン』（一九九五）について批評した拙稿が、作品特集の巻頭を飾ることになった。そんな事情もあって、その後、ケネディ暗殺本や関係資料を大量に読み、月刊誌等にケネディに関わる文章を何度となく書いてきた。

オリヴァー・ストーン

『「ＪＦＫ」悪夢の真実』のベースとなっているのは、勿論オリヴァー・ストーン監督の大ヒット作『ＪＦＫ』（一九九一）だから、暗殺の謎解きに柱として採用したのは軍産複合体説。ベトナムから米軍の撤退を命じ、それまでの軍事介入政策を見直そうとしていたケネディ大統領を、戦争拡大をもくろむＣＩＡ・軍産複合体が、殺害したとするもので、映画の主な原作となったのは、ジム・ギャリソン検事の書いた『JFK　ケネディ暗殺犯を追え』（岩瀬孝雄訳　ハヤカワ文庫NF）である。

ところで、二〇一七年の「ケネディ暗殺機密文書」公開の発端となったのが、『JFK』の世界的な大ヒットであったのを忘れてはならない。映画に描かれた軍産複合体説が、一九六四年に出された政府の公式見解、即ちソ連から帰国したリー・ハーベイ・オズワルドが一人で大統領を殺害したという「ウォーレン委員会報告」のいかがわしさを暴露し、長年にわたり同報告書に疑念を抱き続けてきたアメリカ世論を頂点にまで引き上げた。

そんな世論の高まりによって、映画が公開された翌年には法律「JFK大統領暗殺記録収集法」が制定されている。その結果、同法に基づき二五年後にあたる二〇一七年一〇月二六日に、JFK暗殺に関わる非公開文書二八九一件が公表された。そこで新たに判明した事実と、映画『JFK』の推理を比較考慮し、論点を整理しながら事件を検証していく。

まず論を進める前に述べておく必要があるのは、オリヴァー・ストーン作品に限らず、ほかのケネディ暗殺映画『ダラスの熱い日』（一九七三）等で描かれた陰謀論を含め、過去に主張された有力な大統領暗殺説（CIA説、マフィア説等）は、今から見れば多くの誤りがあったが、これらの陰謀論はウォーレン委員会のオズワルド単独犯説に疑問を投げかけたことで、暗殺論争史上積極的な意義をもっている。

ウォーレン委員会が主張するようにオズワルドがたった一人で、ケネディ大統領をライフル銃で射殺したという筋書きは、同報告書が出た一九六四年の段階でも、数多くの疑問符がついていた。ソ連から帰国した精神的に不安定な元アメリカ海兵隊員が、一人で合衆国大統領を殺害したという主張には、どう考えても無理があり、世論の中で疑問がまだ高まっていなかった時でさえ、同報告書を鵜呑みにした人は、それほど多くなかった。

『JFK暗殺60年』の中心となっている元CIA局員ロバート・ベアの見解は、公開された膨大な機密文書の分析を基に、貴重なインタビューや取材による新証拠を加えた科学的かつ実証的なケネディ暗殺論である。

興味深いのはベアの主張する新説が、映画『JFK』の結論と異なりながら、同作品に描かれた暗殺研究の延長線上に位置していることだ。

映画『JFK』の中で、ドナルド・サザランド演じる謎の男X大佐が、ジム・ギャリソン検事にいうセリフは、そのままロバート・ベアに対し向けられている。「君はかなり真実に接近している」と。

　ところで、ケネディ暗殺の真相探求は、現状の研究成果から出発するのは当然だが、過去の研究や学説を精査して継承するのも大切である。古い見解だからとそれらをご破算にしてはならない。ある時代に力を持ち多数の支持を得た学説は、それなりの正当性と成立根拠を持っているからだ。

オリヴァー・ストーンの『JFK』公開の意義

『JFK』の世界的な大ヒットが、機密文書公開への道を大きく開いた事実こそ、オリヴァー・ストーンが映画の中で論証した軍産複合体説を、捏造呼ばわりした人々への痛烈な反論といえよう。描かれた場面には誤りも当然あったが、同時に民主党ジョンソン政権の隠蔽した重大な出来事や、記録に関する数多くの斬新な映像が含まれていた。

　例えば、ケネディ暗殺計画に深い関わりがある反カストロの活動家デヴィッド・フェリー（ジョー・ペシ）が自宅で謎の死を遂げた日、降りしきる雨の中でジム・ギャリソンの部下ビル（マ

暗殺現場デイリープラザの模型を前に、犯行の状況を説明するギャリソン検事（ケビン・コスナー）

報道陣を前にして、大統領暗殺に怒りを露わにするギャリソン検事

『JFK』　出典：川喜多映画記念館

イケル・ルーカー）が、知り合いのFBI局員に、捜査から手を引くように警告を受けるシーン。もの凄い形相でビルに詰め寄るそのFBI局員「オズワルドの背後にはカストロがいた。それがバレたら戦争だ。何百万も死ぬ重大な結果になる」というセリフに代表される観点は、当時のFBI捜査官たちだけでなく、ウォーレン連邦最高裁首席判事の思考をも支配していた。

軍産複合体説をはじめ、軍部、CIA、FBI、シークレットサービス、ダラス警察等なんらかの国家機関が暗殺に関与していたと見なす考えが、長年にわたってアメリカ国民に根強い支持を得たのは、ソ連との核戦争を避けるために、合衆国政府が真相のもみ消しをはかったせいだ。実際、FBI長官フーバーは、オズワルド一人の犯行によって全てを終わらせるよう、全国のFBI組織へ指示を徹底させていた。それはなぜか？

ジョン・エドガー・フーバー長官

ソ連・キューバが暗殺に関わっていたのを、フーバー自身がいち早く気づいたからではないか。合衆国の情報・捜査機関、そしてウォーレン委員会の不自然な行動のほとんどは、核戦争を回避するという側面から説明がつく。勿論、オリヴァー・ストーン監督は、前述したように、同見解も作品の中できちんと描いている。

しかし同映画は、監督自身のベトナム戦争従軍時代の過酷な体験から、ケネディ大統領のベトナム軍事介入政策の転換、米軍の撤退問題に焦点を絞り、暗殺追及の矛先を、戦争継続により莫大な利益を得ている軍産複合体とみなす方向へと突き進んでしまった。

また映画原作の著者ジム・ギャリソン検事が、FBIの捜査妨害を繰り返し受け、政府への不信感を強めたのも国家機関の関与説に正当性を与えた。つまり、軍産複合体説に根拠をもたらしたのは、なによりも政府側の暗殺捜査に対する姿勢なのだ。

なにしろ、オズワルドをサポートしていた亡命キューバ人グループは、CIAの援助を受けていたわけだから、ストーン監督やギャリソン検事が、CIAの不可解な対応に疑念を抱き、調査を進めていくうちに、軍産複合体を真犯人であると思い込んだのも、やむを得ない状況だった。

大統領暗殺の背後でうごめく闇の勢力については、軍内部タカ派、CIA、マフィア、亡命キューバ人グループ、KGBをはじめ、様々な集団の暗躍があげられているが、一九六〇年代初頭の複雑な国内外政治情勢とも深く関わっているため、真犯人問題とは別に解明する必要がある。それらの詳細は、第二章で様々な影の巨大組織に触れる際にも書くつもりだ。

元CIA職員ロバート（ボブ）・ベアによる新証拠発見

さて、二〇一七年一〇月二六日の機密文書解禁によって明確となった驚くべき新事実の内容へ移りたい。以下取り上げる機密文書とは、「JFK大統領暗殺記録収集法」に基づき新たに公開された文書と、既に公開されている膨大な関連文書（米国立公文書館によると、関連資料約五〇〇万ページのうち全面公開されているのは、八八％で一一％は部分的公開にとどまり、残りの一％の文書約三〇〇〇件は非公開となっていた）である。

これらを最新のテクノロジーを使い読み解いたロバート（ボブ）・ベアの人物像について、まず簡単に紹介しておこう。

ボブ・ベアは、ダラスでの暗殺について、オズワルド単独犯説に長年疑問を抱きながら、世界各地で二一年間情報活動に従事してきた有能な元CIA局員である。二〇一六年、CIAを辞めて世界規模の調査会社を立ち上げ、さっそく元ロサンゼルス警察の警部補バーコビッチらと共に、ケネディ暗殺の謎に取り組んだ。そして、同年に調査した経過を、『解禁！　JFK暗殺事件の未公開ファイル』という一回五〇分ほどの記録映像全六回の長尺ドキュメンタリー

ロバート（ボブ）・ベア

として完成させた。

前述したように、我が国でも「ヒストリーチャンネル」等で何度かテレビ放映されているので、ご覧になった人もいるのではないか。そのドキュメンタリーと、機密文書二八九一件公開直後に製作された同番組の続編一回分（約五〇分）をたたき台に、ケネディ暗殺の新事実を詳述していく。

それでは、「ヒストリーチャンネル」で放映されたドキュメンタリー冒頭シーンから始めよう。画面にはいきなりCNNニュース番組が映し出され、「1992年JFK暗殺に関する文書の公開が法制化された」の文字が出た後、女性キャスターが「ボブ・ベアさんにお尋ねします。公開される文書に真相が記されていると思いますか？」と質問する。

それに対し、重要コメンテイターとして画面に顔を出しているベアが「そうですね、真相に近づくための大きな鍵が隠されていると思います」と答える。

その時、女性キャスターが「それが先ほど公開された」と述べると、「午後7時半暗殺事件に関する2891の機密文書が公開された」の文字が浮きあがる。快調な出だしで、観るものをワクワクさせるが、中味はさらにエキサイティングだ。

　オープンカーに乗り、パレード中の大統領とジャクリーン夫人の記録フィルムが映しだされ、ナレーターが語る。「事の発端は、一九六三年一一月二二日に始まる。テキサス州ダラスでケネディ大統領が射殺され……四時間後ダラス警察署はオズワルドを逮捕、そして暗殺から四八時間後、オズワルドが署の前で殺害された」と一般によく知られたシーンと共に、事件の顛末が手際よく説明されていく。

　ジャック・ルビーに射殺されたオズワルドのショッキングな映像等、何度見ても不可思議な場面の連続で、まるで創られたミステリドラマを観ているようだ。

　そして、暗殺事件の一週間後、ジョンソン新大統領は、連邦最高裁首席判事アール・ウォーレンに調査を命じ、翌年に出された八八八（付属の資料を含めると約二万）ページの報告書で、オズワルドの単独犯行と結論づけた。ドラマならこれで一件落着となるのだろうが、どう考えても腑に落ちない。

　出来の悪い映画シナリオのようで、結末に説得力が全くない。ウォーレン委員会の報告書が

▲ダラス警察署内を、取り調べのため移動中のリー・ハーベイ・オズワルド

◀映画『ダラスの熱い日』で、俳優が演じたオズワルドの写真だが、本物によく似ている

▲ダラス警察署地下出口で、撃たれる直前のオズワルド。手前の帽子の男がオズワルド射殺犯人のジャック・ルビー

『ダラスの熱い日』 出典：川喜多映画記念館

出された時から、将来、この欠陥だらけのシナリオは全面改訂されることが約束されていたともいえよう。

ボブは、元の職場（ＣＩＡ）の同僚やＦＢＩ元職員等様々な捜査機関の人脈を利用し、さらに現職の情報・捜査関係者の協力も得て、歴史的事件の真相へと接近していった。その結果得られた新証拠は、コンピュータ等、最新テクノロジーを駆使して数百万の文書を読み解いた一大成果でもある。

オズワルドがメキシコシティを訪れた時の新事実が発覚

同文書を読み、マーカーで印をつけながら、ボブが興奮した面持ちで「見てくれ、重大な情報だ」とドキュメンタリー取材班のメンバーに声をかける。画面にはＣＩＡ防諜部長アングルトンが一九六三年一一月二六日に作成した文書の文字が大写しになる。ナレーターの「同文書により、英国の新聞社に奇妙な電話があった」との指摘に続き、ボブが「英国の内部情報機関ＭＩ５によると、ケンブリッジニューズに密告があった」と述べる。「重大な事件が起こるから米国大使館に電話しろ」と大統領が撃たれる二五分前に電話がかかったという。勿論、オズワルドからの電話ではないから、事前に暗殺を知る第三者がいたことになる。

ここで映像は一転して、二〇一六年の調査で制作された六回分のテレビ番組シーンへカットバック。ボブが元警部補のバーコビッチと一緒にキューバの元諜報員エンリケ・ガルシアに会い、重要証言を引き出した場面へ切り替わる。

エンリケは、無線諜報部門に在職していた同僚の話を思い出しながらとつとつと語る。日常的に強力なアンテナで米国を盗聴していた友人の同僚は、ケネディ暗殺の当日、テキサス州ダラスからの通信を傍受するよう命令された。

ボブが「誰の命令だ」と質問すると、エンリケは、即座に「キューバでの命令は全てカストロから出ていた」と答える。この証言内容は極めて信憑性が高い。カストロの支持者はあまり語ろうとしないが、腐敗したバティスタ政権を倒したカストロが独裁化を強め、権力維持と反カストロ勢力の暗殺から身を守るために密告制度と情報機関を肥大化させたのは、今では有名な話だ。

アメリカ連邦議会のキューバ出身の上院議員マルコ・ルビオなどが合衆国内の強固な反共保

守派であるのは、共産国家キューバの密告制度や情報組織の実態を知り抜いているためである。

ともあれ、公開されたCIA防諜部長アングルトンの機密文書やキューバの元諜報員エンリケの証言は、事前に暗殺の計画を知る者がいた動かぬ証拠といえよう。以上の経過からオズワルドの単独犯行はあり得ない。

ボブ・ベアが長年抱いてきた、大統領を射殺したオズワルドを支援した人脈が必ず存在するという確信が、新たな証拠・証言によってようやく日の目を見る時がきた。なお、ここでカストロの名前が浮上したことは、後に重要な意味を持ってくるので、心にとめておいてもらいたい。

さらにボブが見つけた文書には、注目すべき記述が残されていた。「一九六七年一〇月二日匿名CIA局員の供述」には、オズワルドがメキシコシティを訪れたのは、ダラスの悲劇の八週間前、一九六三年九月二八日と記されているが、既に二〇一六年の調査によりり製作したテレビ番組で、ボブとバーコビッチは、オズワルドがメキシコのソ連大使館でKGBと会い、その場には、暗殺等の謀略を行う部署第一三課のトップがいたのを突

マルコ・アントニオ・ルビオ

き止めている。

オズワルドがメキシコのソ連大使館、キューバ大使館を訪れた際、観光ビザを却下された件は、映画『ＪＦＫ』の原作をはじめ、多くの暗殺研究本も触れてはいるが、長い間さして重要な事柄と見なされてこなかった。

代表的な例は、映画『ＪＦＫ』でギャリソン検事（ケビン・コスナー）が「ＣＩＡはオズワルドを共産主義者にしたかった、メキシコでの工作は黒幕をカストロにするためだ。オズワルドか偽物をキューバへ送り込み、戻って暗殺すれば、米国内は『キューバ憎し』で燃え上がる」と自説を披露し、オズワルドのメキシコ行きは真相をそらすためのＣＩＡの偽装工作と決めつけるシーンである。

注目すべきは、ギャリソン検事の捜査を、ウォーレン委員会報告がミスリードしている点ではないか。同委員会は、オズワルドのメキシコ行きを、単なる休暇のための一人旅と判断していたので、ＫＧＢとの会合を報告書に記載しなかった。

そのため、メキシコシティにあるソ連・キューバ両大使館訪問時のオズワルドの行動は謎に包まれたままだったが、新たに公開された文書で全貌が明らかとなった。

ボブは文書を読みながら、「オズワルドはたやすくバスチケットを購入し、メキシコシティへ向かったと思っていた。だがこの行を見てくれ、メキシカーノ（メキシコ人）は〈オズワルドとメキシコシティへ行った〉。オズワルドが一人でなかったことは明らかだ。計画にからむ誰かがいた。これは驚くべき新事実だ。ウォーレン委員会の報告と矛盾している」と述べている。

そして、以下に登場する「ルイジアナの亡命キューバ人グループの訓練施設の責任者が、メキシカーノだった」と付け加える。

カストロと亡命キューバ人の暗躍

一九五九年、フィデル・カストロはバティスタ独裁政権を倒し、革命政権を樹立。一九六一年ケネディ大統領は社会主義化を進める同政権を倒すために、キューバへ亡命キューバ人を送り込んだ（ピッグス湾事件：ＣＩＡが計画立案した亡命キューバ人組織によるキューバ侵攻作戦の最終段階で、カストロ側の思わぬ反撃を受けたためケネディ大統領が米軍機の支援を拒否し作戦は失敗した）、結局、一〇〇名が死亡、一〇〇〇名以上が捕虜となったので、多くの亡命キューバ人がケネディ大統領に敵意を抱くようになる。

CIAはその後もキューバへの秘密工作を繰り返したが、その先兵となったのが亡命キューバ人グループ。彼らはケネディを憎みながら、キューバの共産主義政権を打倒するため軍事訓練に励んでいた。その秘密軍事訓練場が南部のルイジアナ州にあったのを、ボブたちは二〇一六年の現地調査で既に発見している。

前述した番組六回分の第三話ではルイジアナのベルチェイスにある五〇に及ぶCIAが使った貯蔵庫を確認。その一部から爆発物の痕跡まで科学的に検証し、第四話では、同じくルイジアナの人里離れた沼地で、亡命キューバ人が、訓練時に落としたと見られる弾薬を入れる米軍の軍用ケースを川底から引き揚げてもいる。

フィデル・カストロ

オズワルドは、暗殺が決行された一九六三年の八月二一日〜九月一七日の間、行方が分かっていない。ボブは、ニューオリンズでのCIAや亡命キューバ人との繋がりから、オズワルドが、この期間ルイジアナの訓練施設でライフルの狙撃などについて、徹底した訓練を受けていたと推測している。

映画『JFK』が、ニューオリンズで反カストロの活動を行っていた元FBI職員のガイ・バニスター、デヴィッド・フェリーとオズワルドの奇妙な結びつきや亡命キューバ人の秘密基地で、軍事訓練を指導しているフェリーの姿を映像化していたのを思い起こしてもらいたい。オリヴァー・ストーン監督の真犯人追求の方向性は、決して的外れではなく、真相にかなり肉迫していた。

元CIA局員だったボブは、この種のCIAプロジェクト（アメリカに敵対する勢力に対抗するため外国人を使う秘密工作）を熟知しているので、前述したようにオズワルドの行方が分かっていない約一ヶ月間、ルイジアナのジャングルや湿地帯で、CIAの資金援助で活動していた反カストロ派亡命キューバ人に、軍事訓練を受けていたと確信している。

勿論このような場合、バックアップしていたCIAは、亡命キューバ人グループと一定の距離をおくはずだから、厳重に監視していたのではないだろう。

同種の秘密作戦は、政治情勢の変化により、途中で工作を中止し、手を引くことがしばしば起こるためで、ソ連のアフガニスタン侵攻（一九七九～一九八九年）に際して、CIAがイスラム革命派（ムジャヒディン）を支援していた経過を思い起こせば、オズワルドと亡命キューバ人をめぐる環境もおおよそ見当がつくのではないか。

資金援助していたイスラム革命戦士が、後にアルカイダとなってアメリカ本土を攻撃してくるとは、ソ連がアフガニスタンを占領している時には全く予想もつかなかった。アフガニスタンでのCIA工作は、この種のプロジェクトの危うさを示す典型例といえよう。

ともかく、ルイジアナの訓練施設の責任者がオズワルドとメキシコシティへ旅行した同伴者だったわけだから、事は尋常でない。それについて、公開された機密文書一九六八年六月二八日のFBI内部メモが重大な事実を伝えている。同メモによると、オズワルドとメキシコへ行った人物は、FBI捜査の重要参考人で、本名をF（フランシス）・タマヨという。一九六八年六月に、暗殺未遂罪でベネズエラの首都カラカスの警察に逮捕され、そこで暗殺のプロだったことが判明した。

一九六三年三月一九日CIA副部長からFBIに寄せられた機密メモによると、タマヨ即ち別名メキシカーノ（メキシコ人）はキューバ政府に雇われ、マイアミに住んでいたという。

ボブは、この男は「ルイジアナの訓練施設で責任者を務めただけでなく、ケネディ暗殺前からハバナに内通していた可能性がある。カストロの二重スパイ」で、「これが本当なら、米国大統領は外国政府に暗殺されたことになる。キューバ政府はどうやって暗殺計画を知ったのかこれが答えだと思う（引用者注：キューバの諜報員エンリケ・ガルシアの同僚がケネディ暗殺当日、ダラスからの通信を傍受していた事実を指す）。暗殺後、この情報が外に出ていたら、キューバへの戦争行為を正当化しただろう」と言っている。

米ソの全面戦争に発展する可能性があった!?

以上、恐るべき新事実がここまで明確になっているにも拘わらず、なぜ我が国のマスコミは、これらの情報をきちんと伝えようとしないのか。アメリカでは、トランプ支持者を陰謀論者と批判し続ける反トランプ急先鋒のテレビ局CNNでさえ、機密文書が公開された二〇一七年一〇月二六日に、ボブ・ベアを重要コメンテイターとしてわざわざ同局の報道番組に登場させている。日本のマスコミの対応は摩訶（まか）不思議といわねばならない。

さて同ドキュメンタリーでは暗殺犯について、もう一つ驚くべき情報を暴露している。オズワルドがF・タマヨとメキシコを訪れた際、ソ連大使館に行った件に関してだ。
その場には、前述したように暗殺を行うKGB第一三課のトップもいたが、この重要人物についてては、二〇一六年制作の六回分のドキュメンタリーの第二話で、既に名前もコスティコフと判明し、映像化されていた。ボブは二〇一六年にモスクワへ赴き、元KGBのネチポレンコにインタビューし、カメラの前で、コスティコフが暗殺を担当するKGB第一三課の人間だと認めさせている。

それが、CIAのオズワルド監視記録から再び確認されたわけだ。CIAメキシコシティ支部が、一九六三年一一月二三日に本部へ送った文書によると、コスティコフは、オズワルドと会った時、既に米国に脅威を与える人物としてCIAの監視下にあった。つまり、オズワルドは、ケネディが暗殺される八週間前、キューバの大物二重スパイと一緒に、ソ連の暗殺部隊のトップに会いに行ったことになる。これは何を意味するのか。答えはほぼ明らかだが、当時の米ソ関係を振り返りながら、その意味をより深く掘り下げてみよう。

一九六〇年代初頭は、米ソの冷戦が頂点に達した時期。一九六一年八月には東ドイツがいきなりベルリンの壁を築き、東西両軍の軍事衝突の危機が一気に高まった。「全面核戦争」の言葉が現実味をおびてくるのも丁度この頃からである。

カリブ海では、一九五九年に誕生したカストロの革命政権とアメリカとの関係が悪化。一九六一年一月、ついにアイゼンハワー大統領は、キューバとの国交断絶に踏み切る。そのため、キューバ革命を強力に支援し始めていたソ連とキューバが益々緊密な関係になっていった。そんな時、ソ連のフルシチョフ首相はキューバに核ミサイルを配備することを決断。ソ連は一九六二年七月下旬より、極秘裏に大量の核ミサイルと四万二〇〇〇名に及ぶ将兵をキューバへ送り込み始める。

ドワイト・D・アイゼンハワー

フルシチョフは回顧録で「キューバ防衛のため」と書き残しているが、本音はICBM（大陸間弾道ミサイル）の実践配備の劣勢を挽回するのが主な動機であったのは疑いない。このフルシチョフの危険極まりない賭けが引き起こしたのが、一九六二年一〇月の「キューバ危機」である。幸い、ケネディ大統領と弟ロバート司法長官の優れた采配といくつもの偶然によって危機は一三日間で回避できたが、フルシチョフの確約した核ミサイル撤去は、キューバの査察拒否のせいで、その真偽を確認できなかった。

同経過にみられるごとく、当時ソ連とキューバは極めて緊密な間柄にあったわけである。確かに、危機の一三日間の最終局面で、フルシチョフがミサイル撤去を独断で決定したため、ソ連とキューバの信頼関係に大きな亀裂が生じ

ニキータ・フルシチョフ

たとはいえ、両国の強い繋がりはその後一九九一年のソ連崩壊まで続いた。

以上述べたキューバミサイル危機の翌年に、ダラスで合衆国大統領が暗殺されたのを思い起こす必要がある。犯人として事件直後に逮捕されたオズワルドは、一九五九年から二年間、ソ連で亡命生活を送っていたのだから、主犯がソ連だと疑われる状況証拠は十分すぎるほどあり、事実の解明によっては、米ソ両陣営の全面核戦争へと発展しかねなかった。まさしく世界は破滅の一歩手前だったわけである。

ソ連はどのようにJFK暗殺に関与したのか

二〇一七年の機密文書公開により確認された、ソ連のKGB第一三課のトップと、キューバの大物二重スパイがオズワルドと共にメキシコシティで接触した事実は、それゆえ極めて重大な意味を持つ。

なお、この件に関して、二〇二一年二月に発売されたジェームズ・ウルジー（一九九三～一九九五に米中央情報局〔CIA〕長官）の著書『OPERATION DRAGON-INSIDE THE KREMLIN, S SECRET WAR ON AMERICA』（未翻訳）は、オズワルドが、ソ連の情報機関の工作員となり、フルシチョフ首相に直接指示されたと見られると指摘している。

フルシチョフは、その後、暗殺が米ソ関係に与える影響を危惧し、一九六三年四月までに指令を撤回したが、オズワルドは単独で暗殺を決行したとしている。この本の中には、KGB第一三課のコスティコフの名前も何度か登場する。

ボブは、「ソ連は暗殺にどう関わったのか？」といった問題を提起しつつ、KGBに詳しい英国紙『ガーディアン』の記者（海外特派員ルーク・ハーディング）に会った時の様子を、前述したテレビ番組の最新版（全六回の続編）で、音声付き映像で見せてくれる。同インタビューは、二〇一六年九月、ロンドンで行われたものだが、この映像はこれまで引用してきた六回分のドキュメンタリーには出てこない。

記者ハーディングとのやり取りは、ＫＧＢの暗殺がどのようなものだったかが分かり易く解説されているので、その一部始終を会話で再現する。

（ボブ＝ロバート・ベア、ルー＝ルーク・ハーディング）

ボブ 一三課とは？

ルー ＫＧＢ内で汚れ仕事を専門に引き受ける部署だ。国家の敵を殺害することも含まれる。彼らの手口は毒殺や爆弾など様々だ。超法規的な殺人の歴史はソ連時代ずっと続いていた。

ボブ 米国人がＫＧＢの工作員に会う可能性はあるか？ うち一人は一三課のトップだ。

ルー なんらかの形で協力していたのは確かだろう。だが、相手から信用されていたのかは謎だ。通常こういう作戦では、自国や同盟国の人間を使う。

ボブ　オズワルドがソ連に「米国人だが協力しよう」と言ったとしよう。ソ連では無理だといって彼をみすみすキューバに渡すだろうか?

ルー　この時代ならあり得る。KGBは友好的な諜報機関と協力しあっていた。ロンドンの事件がそうだ。リシンの毒弾で撃たれたブルガリアの反体制派が二日後に死亡。KGBの毒を使い、ブルガリアが実行したのだ。モスクワとキューバが協調してもおかしくはない。

これは極めて貴重な証言である。当時のソ連のスパイ工作が、世界中でどのように行われていたかを理解するためにも重要だ。同時代、ソ連、中国、北朝鮮の情報機関による日本国内のスパイ工作を分析するうえでも大きなヒントを与えてくれる。

一九九一年、ソ連が崩壊し、一時はソ連共産党の秘密工作が、我が国に対するものも含め、全てが暴露されるのではないかと期待されていた。

連綿と続いている共産国家の陰謀

例えば、「野坂参三二重スパイ事件」。『週刊文春』の小林俊一・加藤昭両記者がソ連秘密文書を研究・調査した結果、戦後日本共産党の顔と言われた野坂参三が、スターリン時代から長期にわたってソ連共産党のスパイとして暗躍していた闇の歴史を暴いた。

結局、日本共産党もこの事実を認めざるを得なくなり、最高幹部の一人だった野坂を一九九二年に除名している。ソ連崩壊から一年後のことだ。

当時、モスクワにある機密文書館はかなりオープンに文書を公開していた。だが、その流れはエリツィン大統領時代までで、その後は文書を自由に閲覧できなくなってしまう。

KGB時代のウラジミール・プーチン

ＫＧＢ出身のプーチン大統領の在職期間が続くなか、ソ連共産党の悪行は再びベールに包まれてしまった。ケネディ暗殺についても、ソ連崩壊直後のように機密文書がオープンになっていれば、もっと早くＫＧＢ関与の事情も分かっていたのではないか。

近年の中国や北朝鮮の国際社会への挑戦的行動を見ていると、ソ連共産党の覇権主義や闇の工作が様相を新たにして、さらに大規模な形で進行しているように思えてならない。両国ともソ連以上に強固な共産党独裁体制だけに、不気味な感じさえする。

二〇二〇年のアメリカ大統領選挙で、国際政治史に残る一大不正選挙が行われたという疑惑は、ジョー・バイデンが大統領に就任した後も、大きな謎と膨大な数の疑問を抱えたままアメリカ社会を揺さぶり続けている。不正選挙追及の矛先が、民主党バイデン陣営だけでなく、外国勢力の選挙介入に対して向けられている側面に注目すべきだろう。

外国勢力とは中国共産党である。民主党系マスコミは、トランプ攻撃のためロシアを第一に挙げているが、重大なのは勿論中国で、ロシア主犯説は真犯人の隠れ蓑といわねばなるまい。中国共産党のアメリカ政治への浸透現状から判断すれば、答えは明白である。

そう考えると、今になってケネディ大統領暗殺の黒幕としてキューバとソ連の名前が浮かび上がってきたことは、アメリカ国内の極左勢力と民主党との公然たる結びつきや中国共産党とバイデン政権との水面下での不審な関係を理解するうえで示唆的といえよう。

中国のサイレントインベージョン（目に見えない侵略）が、オーストラリアをはじめ国際社会を席巻しつつある現在、冒頭に書いた日本を取り巻く東アジア史の見直しだけでなく、ケネディ暗殺事件の新証拠発見も、国際共産主義勢力の世界史における浸透・謀略工作として、今こそ解明すべきである。

ところで、ハーディングとのやり取りの後、ボブは元FBI分析官ファリス・ルークストーク三世と公開されたばかりのCIA二〇一文書について意見交換している。

二〇一文書とは、CIAの監視対象者に関する公式記録で、同文書にはメキシコシティでのコスティコフの生活状況や第一三課の役割が記されているから、前述したようにコスティコフがCIAの監視対象だったのは間違いない。

ボブは自己の経験を踏まえ、「コスティコフ発見後、CIAはFBIに報告したはずだ。私もそうしていた。座って電信を打つFBIの誰かがヘマをしたようだ。政府が無防備だったのは、誰かが報告を怠ったからだ」と述べ、両組織の情報交換に齟齬（そご）があったと見なしている。

対するルークストークも「共有されなかった情報はたくさんあっただろう。誰かが点を繋げるべきだった。フーバーは他組織と情報を共有すべきだった」と応じ、FBIとCIAの連携のまずさを批判し、両組織が古くから抱えている軋轢問題を指摘している。

近年では九・一一同時多発テロの際、世界中の情報を収集するのを主な任務とするＣＩＡが、アメリカ国内の治安維持を一義的任務とするＦＢＩに、極秘情報を伝えていなかった事実が話題となった。守備範囲の異なる両組織が、情報をスムーズにやり取りしていない事態が長らく続いたのは、合衆国の同問題に詳しい専門家・研究者がしばしば分析してきた通りである。

キューバ大使館職員シルビア・デュランをめぐる謎

さらにもう一つ、オズワルドのキューバとの深い関係を証明する機密文書が、「一九六三年一一月三〇日のＣＩＡメキシコシティ支部長宛て、キューバ大使館職員シルビア・デュランについて」の電信だ。

オズワルドは暗殺の八週間前、デュランにビザを申請しているが、二〇一六年に、ボブは同女性職員が単なるキューバ大使館の勤務員でないのを探りあてていた。例のドキュメンタリー番組第四話に登場するフランシス・ガーロのインタビュー映像に注目したい。ガーロは元共産主義者で、左派のパーティによく参加した記憶を長い間胸にしまい込んでいたが、同インタビューで初めて胸襟（きょうきん）を開き過去の真実を語った。

シルビア・デュランがオズワルドとキューバ大使館との繋がりをつけた可能性があり、自分が参加したパーティ会場で二人を目撃した際、オズワルドに似た黒いセーターの男を、出席者たちが彼女の友人だというのを聞いたという。さらに、その会場には、当時のキューバ領事エウセビオ・アスケも出席していたと証言している。

ＣＩＡはオズワルドとデュランの関係に気づき、ケネディ暗殺の数時間後、メキシコ警察に依頼して彼女を逮捕させた。

ボブは逮捕されたデュランの供述内容を知るために、メキシコ国立公文書図書館へ赴き、逮捕記録を探し当てたが、同記録には「彼女がオズワルドに会ったのは大使館で一度だけ」と記載されていた。ウォーレン委員会はデュランの供述が矛盾していたにもかかわらず、本人を呼び出して聴取しなかったのである。メキシコ警察に拘束された合衆国大統領暗殺の重要証人に、ウォーレン委員会がなにひとつ聞かなかったとは驚きだ。

ボブは、一一月二〇日のＣＩＡメキシコシティ支部長宛ての電信に記載された〈ＲＹＢＡＴ〉

という文字に着目し、長年諜報機関員だった経験から、キューバとソ連を意味する重要機密文書だと断言する。同文書の二段目には「オズワルドやデュランまたはCIAの調査について」「警察から問い合わせをさせないようにすること」と記されているため、CIA本部がオズワルドとデュランの件を追及するなとメキシコ警察に釘を刺したことまで明らかとなった。

実をいえば、今回の機密文書公開で初めて公然化したと思えるシルビア・デュランとオズワルドの関係は、これまでも暗殺研究者によってたびたび指摘されてきたが、CIA、亡命キューバ人グループ等、怪しげな人物の陰に隠れて目立たなかったにすぎない。

無論、キューバやソ連の情報機関によって、意図的に些細（ささい）な問題だと、ミスリードされたせいもある。同ドキュメンタリーでも、ボブたちがデュランの住むアパートを訪ねるシーンが出てくるが、居留守をつかわれ会うことさえできなかった。彼女は二〇一六年までメキシコシティで普通に生活していたわけである。

二〇一三年に出版された『ケネディ暗殺　ウォーレン委員会50年目の証言㊤㊦』（フィリップ・シノン著　村上和久訳　文藝春秋）では、デュランとオズワルドの関係が、導入部から詳述されるくらい重要視されている。同書には、例のキューバ領事も参加していたパーティ（＝ツイスト

ウォーレン委員会

パーティ）での二人について、具体的で詳しい様子が書かれているので、是非読んでもらいたい。また、それ以外デュランについての言及が、いくつも出てくるので驚く人も多いだろう。

ここにきて同問題に焦点が当てられているのは、CIA亡命キューバ人主犯説、軍産複合体主犯説、キューバ・ソ連主犯説が相互に浸透しあっているのが、機密文書公開をはじめ事件の再調査によって、益々はっきりしてきたからである。しかも、少し前まで有力視されていた「CIA亡命キューバ人主犯説」よりも、「キューバ・ソ連主犯説」のほうが俄然説得力を持ち始めてきた。

米国不正選挙——JFK暗殺を思わせる陰謀の構図

そこで思い起こす必要があるのが、二一年前のアメリカ大統領選挙で、バイデンを当選させるため郵便投票（不正選挙に繋がる投票方法）を飛躍的に増大させた民主党の大戦略と、中国共産党によるアメリカ国内への様々な秘密工作が互いに相乗効果を発揮し、トランプ大統領を落選させたのではないかという一大疑惑だ。その際、民主党の選挙不正があまりにも露骨だったせいで、投票結果に対する不信がアメリカ全土に広がった。その後、不正選挙の声を必死になって沈静化させようとする民主党系主流マスコミの隠蔽報道にもかかわらず、大統領選挙が「盗まれた」という疑いは、いっこうにおさまりそうにない。それどころか、バイデンが大統領に就任してから、国民の不正選挙に対する怒りは日ごとに強まっている。

今や、民主党支持者でも三〇%、共和党支持者ではなんと七〇%以上がバイデンの当選は不正投票の結果と考えるようになった。合衆国大統領選挙に対する見方が、このような事態に至ったのは過去に類例がなく、アメリカ民主主義は歴史的危機に瀕しているといわねばならない。

我が国では、相変わらずトランプが連邦議会乱入を扇動したとか、不正がないのに選挙に難癖をつけているといった民主党系メディアのニュースだけが大量にテレビや新聞で流されているため、トランプ元大統領に期待するアメリカ世論の高まりが不思議に感じるのではないか。

実は、合衆国内の各州で投票の数え直しが大幅に進み、既に不正は相当明らかになっている。

ドナルド・トランプ

ところが、アメリカ国内の左派やリベラル派マスコミが、民主党に不利な情報を国民に伝えないため、日本の新聞やテレビでは、相変わらず頓珍漢なニュースがあふれているわけだ。一方、アメリカのマスコミ状況は徐々に変化し始め、前述した不正選挙に対する政党支持別の結果も、反トランプで有名なテレビ局CNNの調査によるものだから、やがて選挙の実態が明るみになるだろう。

以上の経過を見ると、現在の合衆国主流派マスコミの在り様は、ケネディ暗殺をオズワルドの単独犯行と結論づけたウォーレン報告に対し疑問を投げかけた人々を嘲笑した、当時のマスコミ報道を思い出させる。

またケネディ暗殺犯を追及したギャリソン検事を、全米のマスコミが人格攻撃までして捜査を妨害したやり方と、今日のマスコミによるトランプ前大統領に対する誹謗(ひぼう)中傷の集中砲火が、二重写しに見えるのは偶然ではないだろう。

合衆国の戦後史を振り返るだけでも、グローバル資本主義と手を結んだエスタブリッシュメントを筆頭に、ドワイト・D・アイゼンハワー大統領が辞任演説でその危険性を警告した軍産複合体等の勢力が、政府内で隠然たる力を維持してきたのは今ではよく知られている。

ケネディ暗殺では、キューバやソ連が同政治勢力を巧みに操り、自らの目的を達成したのは第一章で詳述した通りだ。肝に銘ずべきは、その際、全米のマスコミが果たした役割である。事あるごとに政変の真相をもみ消し続けてきた過去の隠された犯罪的な行為が、今回のトランプ落選工作とケネディ暗殺の機密文書公開によって、はしなくも露わになったといえよう。

一九六三年の時には、その主役は新聞やテレビだったが、今ではマイクロソフトをはじめ、GAFA（グーグル、アップル、フェイスブック〔現在はメタ〕、アマゾン）と呼ばれる新興の情報巨大産業＝ビックテックへと移った。

しかもそれらは現代のグローバル資本主義を代表する面々で、中国のIT産業とも陰に陽に連携し、トランプ支持派の言論統制を続けてきたわけだから、なおさら当時のマスコミの報道ぶりを想起させる。

加えて、かつての主役キューバ、ソ連が、共産主義大国中国に変わったとはいいながら、アメリカ社会に大打撃を与える政治手法、国民を騙す手口まで、ケネディ大統領暗殺を隠蔽したやり方とそっくりなのには驚かざるを得ない。

ＦＢＩ内部メモの存在とメディアの在り方

さてここで、機密文書公開ドキュメンタリーのまとめとして、一九六三年一一月二四日のＦＢＩ内部メモ（ＦＢＩ長官Ｊ・Ｅ・フーバーの会談覚書）を振り返ってその意味を確認し、本章を終えたいと思う。

前述したようにケネディ暗殺のわずか四八時間後、オズワルドはダラス警察署の地下出口で、ジャック・ルビーによって射殺された。

フーバーの覚書「オズワルド事件は彼の死をもって終わりだ」「私が気にするのは、オズワルドが真犯人だと大衆に納得させる根拠を用意することだ」という文章をボブ・ベアは読みながら、フーバーは大衆の説得に固執し、さらには「真相の隠蔽を望んだ」とまで言い切る。

そして、今回の機密文書公開を以下のように締めくくった。

「オズワルドが消えてＦＢＩは安心しただろう。彼が殺されたおかげで単独犯だと報告できるから。つまり彼の死は戦争を防いだ。もし彼がキューバとの関係を漏らしていたら、ジョンソン新大統領はハバナを爆破するしかなかった。誰もがオズワルドの死を望み、生かしておけるのにあえてそうしなかった。一九六三年からＪＦＫ暗殺は謎に包まれていた。五四年後の今、我々はようやく真相と証拠を調べ始めた。最近公開された文書は彼が単独犯でないことを物語っている。我々はメキシカーノの存在を突き止めた。メキシコ行きをオズワルドに指示し、数年後カラカスで暗殺未遂で逮捕された男だ。そしてカストロの二重スパイだと判明した。彼がＣＩＡとキューバに繋がっていたら一大事だ。そして二〇一一文書によるとＫＧＢの暗殺者コスティコフは米国内で暗殺や妨害を計画していた。ＦＢＩとＣＩＡはオズワルドの死を軽視した。とてつもなく無能だったか、それとも組織的な隠蔽だったのか」

二〇一七年一〇月二六日の機密文書公開によって、以上述べてきた重大な証拠が公にされ、ボブ・ベアのドキュメンタリー番組が日本でも放映されているにもかかわらず、我が国のマスコミは、依然としてソ連のＫＧＢやキューバの情報機関について言及を避け、ＣＩＡやＦＢＩの失態や隠蔽工作のほうに議論の矛先を向けている。

ＮＨＫにいたっては、この期に及んでもＣＩＡ陰謀説のお粗末な番組を制作し放映する始末だ。

但し、二八九一件の機密文書公開直後、日本のいくつかの新聞報道が、オズワルドがメキシコシティにあるソ連やキューバの大使館を訪れていたことを記事にしていた。これはわずかとはいえ、救いといえるのではないか。既に強調したように、近年の暗殺研究で、オズワルドとキューバ大使館の勤務員シルビア・デュランの関係がクローズアップされた影響等も当然考えられる。

新聞の中では、『産経新聞』と『夕刊フジ』が比較的紙面を割いて、機密文書公開の記事を掲載していたのが目を引く。かつてはケネディ暗殺といえば、『朝日新聞』や『毎日新聞』のほうが記事の量、質とも充実していたが今では様変わりしてしまった。

それは、キューバ、ソ連の暗殺関与が機密文書公開により確実となったせいで、アメリカ批判を基本とし、CIA陰謀説に立つ左翼・リベラル派マスコミの暗殺論が、説得力を失ってしまったからだろう。

それに、トランプ前大統領とCIA、FBIの対立関係が反映しているかもしれない。反トランプの我が国主流派マスコミにとって、ケネディ暗殺事件解明を歓迎するトランプ大統領のツイッター（現・X）発言「長く期待されていた文書の公開は明日だ、すごく興味深いぞ」は不愉快だったはずである。

二〇一七年、ＣＩＡとＦＢＩが同大統領に対し、機密文書の一部公開を止めるよう要請した件について、その背後関係を洗い直す必要性を感じる。

現在、グローバル大資本、金融大資本等ウォール街を支配する巨大多国籍企業（ビッグテック等）や、軍産複合体、ＣＩＡ、ＦＢＩの秘密工作と親和性が高いのは、オバマ、クリントン、の民主党主流派のほうで、トランプの共和党ＭＡＧＡ（Make America Great Again の略）派ではない。

ジョー・バイデン

なにしろ、トランプは近年で唯一「戦争をしなかったアメリカ合衆国大統領」でもあるから、戦争によって莫大な利益を得る連中にとっては、早く交代してほしかったはずである。二〇二〇年大統領選挙でトランプが落選した時に起きた一連の異常な事態（バイデン息子の大スキャンダル発覚を民主党系マスコミが大統領選挙前に隠蔽した事実、選挙開票時でのあり得ない得票数の劇的変化、一月六日の連邦議会への乱入大事件等）、バイデン

暗殺犯ジョン・ウィルクス・ブースに撃たれる瞬間のリンカーン大統領の絵

『ダラスの熱い日』
出典：川喜多映画記念館

の大統領就任時に起きた大混乱や不可思議な出来事の連続は、一九六三年一一月二二日のケネディ大統領暗殺以上にアメリカ社会に衝撃を与えた。少なくとも、ダラスでの悲劇と並ぶ世紀の大陰謀事件として、この先何十年何百年もアメリカ国民の記憶に残っていくに違いない。

▲オフィスで仕事中のギャリソン検事（ケビン・コスナー）。この時、ケネディ大統領が撃たれた報告が入る

◀暗殺犯が、テキサス教科書倉庫ビルから、どのように大統領をライフルで狙撃したかを、検証するギャリソン検事（左）と部下のルー（ジェイ・O・サンダース）

『JFK』 出典：川喜多映画記念館

第2章

映像で読むケネディ暗殺論変遷史

ＪＦＫ暗殺を予言・映像化した先駆的作品『影なき狙撃者』と『五月の七日間』

さて、ここまではボブ・ベアのドキュメンタリー番組を中心に、映画『ＪＦＫ』等にも触れながら、暗殺事件の真相を分析してきたわけだが、第二章では、ケネディ暗殺に関わりのあるハリウッド映画やドキュメンタリーを組上に載せ、いかにして現在のような暗殺に対する見解に至ったのかを、なるべく時系列に則して書いていく。

それでは最初に、ケネディ暗殺映画の出発点となった二本の劇映画から始めよう。両作ともケネディの名前は全く登場しないにもかかわらず、物語の概要を知れば、同ジャンルの先駆的な意味を持っていたのがよく分かるのではないか。

題名は、『影なき狙撃者』（一九六二）と『五月の七日間』（一九六四）というポリティカル映画。共に一九六〇年代、最も勢いのあった頃のジョン・フランケンハイマー監督作品である。まず、制作された年に注目してもらいたい。

ジョン・Ｆ・ケネディがダラスで殺されたのは、一九六三年一一月二二日。『影なき狙撃者』

のアメリカ国内での封切りは一九六二年一〇月二六日だから、暗殺のほぼ一年前、キューバミサイル危機が核戦争に転化するのではないかと思われた歴史的瞬間だった。

一方『五月の七日間』は一九六四年二月一二日、ダラスでの悲劇からわずか三ヶ月半ほどしかたっていない。ともかく、映画が制作された時代の政治・社会情勢を思い出しながら、作品内容の先駆性に目を向けるべきである。

『影なき狙撃者』は、ケネディ政権が誕生してアメリカ合衆国が自信に満ちあふれていた時代につくられたが、冷戦期のソ連スパイ工作を細部にわたるまで描いているため、映画の政治的スタンスは、相当際どい性格をもっていた。

おかげで、製作を担当した映画会社（ユナイテッド・アーティスツ）はあまり乗り気ではなく、政権内部からも「今、ソ連を刺激するような映画をつくるべきではない」といった声が漏れ聞こえてくるので、主演のフランク・シナトラがケネディ大統領に直接会い、映画製作の意図を説明して、わざわざお墨付きを戴いている。

シナトラはケネディと個人的に親しかったので、監督のジョン・フランケンハイマーに頼まれて大統領と面談した。その経緯については、『影なき狙撃者』のＤＶＤ版（20世紀フォック

▲クーデターの首謀者スコット将軍（左：バート・ランカスター）と後大統領派の重要メンバーとなる副官のケーシー大佐（カーク・ダグラス）

▲ホワイトハウスの前で、スコット将軍支持と大統領支持をそれぞれ表明する両派のデモ隊が、鉢合わせとなる

◀スコット将軍派のクーデター計画にどう対処すべきかを話し合う大統領（フレドリック・マーチ）〔左から4人目、椅子に座っている人物〕と側近たち。大統領派となったケーシー大佐もいる

▶ホワイトハウス前のスコット支持派デモ。この直後、大統領支持派のデモ隊との乱闘が始まる

『五月の七日間』
出典：川喜多映画記念館

スホームエンターテイメント）に収められている独占インタビュー映像での、シナトラとフランケンハイマーの会話を参照してもらいたい。

映画で明かされたすさまじいスパイの洗脳方法

映画は、ソ連、中国、北朝鮮が朝鮮戦争に従軍したマーゴ曹長（ローレンス・ハーベイ）を洗脳し、選挙キャンペーン中のアメリカ大統領候補を暗殺させ、共産側の大物スパイである副大統領候補（ジェームズ・グレゴリー）を大統領候補に昇格させようという大陰謀を描いている。印象的なのは、マーゴ曹長の義父（母親の夫）である同副大統領候補が、一九五〇年代、赤狩りの仕掛け人として名をはせたジョゼフ・マッカーシー上院議員を彷彿（ほうふつ）とさせる描写といえよう。

自らはソ連の大物スパイでありながら、良心的なリベラル派政治家に「共産主義者」のレッテルを貼り、アメリカ社会を大混乱に陥れていた裏の顔がラストに暴露される。つまりゴリゴリの保守政治家と思われていた人物が、実はソ連の指令を受け、マッチポンプのごとく世論を誘導していた筋書きで、これは赤狩りを推進していたマッカーシー上院議員が、ソ連のスパイだったというようなものである。

赤狩りとマスヒステリーについて、映画制作側の解釈は、切れ味鋭く本質をついている部分も少なくないが、実際のマッカーシー議員は無論共産主義とは無縁で、ソ連とはなんの関係もなかった。それに、スパイの潜入方法や洗脳の仕方に現実とは異なる飛躍が見られる。だが、それもやむを得ない。当時はアメリカ政府の中枢にまで、ソ連のスパイ組織の手が伸びているとは、一般国民には思いもよらなかったからである。

しかし、一九九一年にソ連が崩壊し、ソ連スパイ組織の実態がヴェノナ文書等で明らかになった今、本作を観直すと、ソ連、中国、北朝鮮の情報機関が、捕虜となった米兵たち（ローレンス・ハーベイやフランク・シナトラ等）を洗脳するシーンに、一種異様なリアリズムを感じてしまう。不気味な洗脳場面に、中国や北朝鮮スパイ組織による現在進行中の秘密工作がダブって見える人も少なくないだろう。

それらの映像は、映画の原作者リチャード・コンドンの同名小説に書かれたフィクション世界をベースにしているが、複雑に入り組んだパズルのようなカットを巧みに再構成し、悪夢の洗脳シーンを創造した本当の功労者は、監督のジョン・フランケンハイマー、撮影のライオネル・リンドン、編集を担当したフェリス・ウエブスターの三人というべきである。

ともかく、一九六〇年代初期、共産国の浸透工作の真偽さえまだ不明な時に、ハリウッド映画人が、ソ連、中国、北朝鮮の恐るべき洗脳場面を説得力ある映像で描きだした手腕には脱帽せざるを得ない。

映し出された洗脳方法は実際と異なるとはいいながら、あたかも現在の中国共産党のアメリカ社会へのサイレントインベージョンのように見えてしまう。語学教育を装った孔子学院なる洗脳教育機関をアメリカ全土に建設し、在米の華人団体がアメリカのマルクス主義組織に資金援助していた近年の実態は、『影なき狙撃者』に登場するスパイ工作の大規模な再現といっていい。

そのほか、民主党の有力連邦議員が中国の女スパイと肉体関係を結び、国家の機密情報を漏洩していたスキャンダルまで発覚する近況に見られるごとく、一九六二年に製作された『影なき狙撃者』の戦慄すべき世界は、半世紀の時を超え、より巧妙に、またスケールアップして現実となっている。

同作品の中で、公開当時から世間をさわがせたマディソンスクエアガーデンでのショッキングな狙撃シーンはいま見ても息を呑む。ドラマの最後に、ローレンス・ハーベイ演じるマーゴ曹長は、洗脳がとけて大統領候補ではなく、ソ連スパイの副大統領候補のほうを射殺し、その直後、手にしていたライフルで自殺してしまう。そのため、劇中の大統領候補は命拾いするが、現実のケネディ大統領は、同作品公開の一年後、ダラスで暗殺された。

ケネディ暗殺を予言した恐るべき作品

ケネディはオープンカーでパレード中に狙撃されたわけだから、若干の違いがあるとはいえ、映画と同じく大統領選挙キャンペーン中、しかもライフルで狙われるところまで酷似している。そのため、『影なき狙撃者』はダラスの悲劇を予言した作品として、事件が起きた時、センセーショナルな話題となった。歴史上、リンカーン、ハーディング、セオドア・ルーズベルト等、拳銃で撃たれたアメリカ大統領は少なくないが、ライフルで狙撃されたのは初めてである。

状況の類似性ゆえ、「予言」といわれるのも仕方ないが、正確に言うならば、一九六〇年代初頭は、「ベルリンの壁」構築からキューバミサイル危機に至る、冷戦が熱戦に転化しかねな

▲ソ連・中国・北朝鮮の情報機関に洗脳され、操られる暗殺者マーゴ曹長（ローレンス・ハーベイ）

▲朝鮮戦争で捕虜となった米兵たち（マーゴ曹長等）が洗脳される場面

▲映画のヒロイン役のジャネット・リー

『影なき狙撃社』
出典：川喜多映画記念館

い極めて危険な時期だった。

一触即発の世界情勢が、アメリカ大統領暗殺という異常な事態を生み出す土壌を培ったといったほうがよく、暗殺犯が誰であれ、ここは時代背景に注目すべきだ。

本作の後、すぐに制作されたジョン・フランケンハイマー監督の作品が、以上述べた情勢分析の正当性を裏付けている。一九六四年二月に全米で公開された『五月の七日間』は、軍内部タカ派のスコット将軍（バート・ランカスター）が、ソ連に対抗するため、極秘裏にクーデターを計画するが、大統領派がその動きを察知し、事前にスコット将軍らの陰謀を粉砕してしまう。

原作は、ピッグス湾事件をきっかけに米軍、CIA内部の反ケネディ感情の高まりを背景とした近未来小説『五月の七日間』（フレッチャー・ニーベル、チャールズ・W・ベイリー著　牛田佳夫訳　みすず書房）で、当時全米でベストセラーとなった。米国内での出版は一九六二年一〇月だが、映画はケネディ暗殺後に完成し、公開されている。

スコット将軍は国民的英雄、空軍大将、統合参謀本部議長の要職にあるから、今になってみると、第二次世界大戦の英雄で、キューバのミサイル配備に対し、空爆を強行に主張したタカ派のカーティス・ルメイ空軍大将をモデルとしていたのが分かる。

映画制作に一九六二年一〇月カリブ海で起きた核戦争危機（キューバ危機）が、多大な影響を与えているのは言うまでもなく、軍部右派が大統領の誘拐とクーデターを画策するあたりは、一九六三年一一月にダラスで起きた暗殺事件の背後で進行していた事態と重なって見えてしまう。

映画『JFK』のクライマックスシーン。ギャリソン検事（ケビン・コスナー）は最終弁論でケネディ大統領暗殺は「クーデターだった」と結論を下す。

実行犯は、CIA、FBI、軍部に加え、リンドン・ジョンソン副大統領（当時）などで、それらの勢力が様々な形で結びつき、組織的に行った陰謀だったという。私は『五月の七日間』を、劇場公開時にリアルタイムで観ていたほどだから、かねてよりケネディ暗殺は、米軍とそれに繋がる勢力の犯行だと思っていた。それで、以前は映画『JFK』の推理を、当然のごとく受け入れていたが、現在はキューバ・ソ連の工作が明確になっているため、ギャリソン検事の結論には同意できない。

カーティス・ルメイ

しかし、一九六一年のピッグス湾事件後、CIAや軍部右派が反ケネディ連合を組んでいたのは、様々な資料、文献が語る通りだったと確信している。

前述した時代背景を踏まえ、国際政治学者の仲晃は、『ケネディはなぜ暗殺されたか』(日本放送出版協会)の冒頭で、「本書は、単独犯説をとらないのはもちろんだが、どれか特定の暗殺グループの犯行ともみていない。そうではなくて、ケネディ政権の退場を強く望んだ全米各地の陰謀グループが、いわず語らずのうちにケネディ暗殺のための〈蜘蛛〔クモ〕の巣〉をはりめぐらせ、実行可能な時と場所、つまり、ケネディが〈クモの巣〉のかかった状況に応じての計画実現を期した。その結果がたまたま六三年十一月のダラスでの襲撃になった、との立場をとっている」と書いた。

仲晃の分析全てに賛成するか否かは別としても、当時反ケネディ連合が陰謀をめぐらしていた見解に異論をはさむ余地はなく、『五月の七日間』の原作が出版された一九六二年、軍部によるクーデターの危険性は、米ジャーナリズムの間で既に物議をかもしていた。

一九七〇年代初期、カウンターカルチャー華やかなりし時代に制作された『ダラスの熱い日』は、米ソの平和共存を推進し、黒人の公民権運動を後押しするケネディ政権に反対する右派勢力が、ダラスでの強行に及んだとする陰謀をミステリ風に映画化している。

本作は、バート・ランカスター、ロバート・ライアン等、ハリウッドの大物スターを起用したにもかかわらず、キワモノ扱いしか受けなかったが、観返すと分かるように、オリヴァー・ストーン監督の『ＪＦＫ』と重なる部分が実に多い。

なかでも、ディーリープラザでのヒットマンの配置、死のトライアングルといわれる三方からライフルで狙撃したというプロットは、両作品ともほぼ共通している。これは、ジム・マーズの暗殺研究本『Crossfire : The Plot Killed Kennedy』（未翻訳）を参考に映像化しているためだが、両作品が印象深く描いているグラシノール（小高い丘）のヒットマンについては、現在科学的検証によってその存在が否定されている。なお、ディーリープラザでの暗殺状況については、後で詳しく解説するつもりだ。

しかし、一九六〇年代初期のポリティカル映画『五月の七日間』が描いたように、当時軍部内に反ケネディ感情が渦巻いていたのは確かである。米ソ冷戦が、恐怖観念に取りつかれた一人の頭のおかしな将軍（スターリング・ヘイドン）のせいで、核戦争へと突き進んでしまう様をブラックコメディ風に活写したスタンリー・キューブリック監督の『博士の異常な愛情』（一九六四）も、無論キューバ危機の経験を踏まえてつくられた。

アメリカ大統領（ピーター・セラーズ）と電話で話す声だけのソ連首相が、なにかとすぐ激高するのは、国連の演説会場で、自分の靴を手にして机を叩く野卑なフルシチョフをパロディ化しているのは分かり易い。他方ピーター・セラーズ扮する大統領が、禿げ頭の弱弱しい人物となっているのは、恐らく、お坊ちゃん育ちでハンサムなケネディを茶化しているのだろう。

そんな人物のパロディ化や、米ソ冷戦をシリアスかつブラックに描いているため『博士の異常な愛情』は、カルト的な人気を呼び、その後、キューブリック監督の名声が高まるにつれて語り継がれ、今でも色あせない傑作となっている。

本作とほぼ同時期に制作された『影なき狙撃者』『五月の七日間』に加え、もう一本あげるならシドニー・ルメット監督の『未知への飛行』（一九六四）だが、これらは全て、米ソ冷戦の激化や核戦争の現実的危機と結びついていたといえよう。

なにしろ『影なき狙撃者』にいたっては、キューバ危機の最中に全米で公開されているほどで、内容も然りながら、作品が醸し出す切迫感は相当なものだった。つまり、同時期に制作されたポリティカル映画は、当時、現実に合衆国の差し迫った脅威とみなされていた闇の二大勢力（ソ連を筆頭とする共産主義勢力のスパイ組織と米軍部内の右派と結んだ極右勢力）の存在を広く国民に知らせ、警告を発していたわけである。

私は、前述した一連の作品を少年時代に観ていたこともあり、一九九一年、大人になって『JFK』を劇場で鑑賞した際、興奮冷めやらぬ気分にとらわれた。

一九六〇年代には、仮名でしか描けなかった人物たちが、本名で堂々と画面に登場している。

本作を繰り返し見直し、ギャリソン検事の書いた『JFK ケネディ暗殺犯を追え』や『JFK ケネディ暗殺の真相を追って』（オリヴァー・ストーン、ザカリー・スクラー著、中俣真知子訳 テンプリント）等を夢中になって

核戦争が目前に迫り、ホットラインでソ連首相と話すアメリカ大統領（ピーター・セラーズ）。右端に立っているのは、ソ連のアメリカ大使

核戦争が始まり、地下防空壕施設で国民が生き残るための方策を話す博士（ピーター・セラーズ）。博士は新しい核兵器を開発し、人類を絶滅戦争に導いた張本人である。その片腕は義手なため、自分の意思通りにコントロールできず、思わず「ハイル・ヒットラー」スタイルにあがってしまう。ピーター・セラーズは、本作でイギリス将校にも扮し、三人の役を演じた『博士の異常な愛情』 出典：川喜多映画記念館

読んだが、なかでも驚いたのは、アメリカのマスコミが時のジョンソン政権側に立ち、真相のもみ消しや隠蔽に手を貸していたことである。『JFK』にも出てくるテレビの報道番組シーンで、ニュース解説者が、捜査中のギャリソン検事を中傷し、貶める発言を繰り返す場面には唖然(あぜん)とした。

『JFK』公開時、『ニューズウィーク』に同映画記事が掲載されたので、事件を深く掘り下げた内容を期待してさっそく読んだのだが、普通の作品紹介と変わらないため肩透かしを食らった記憶がある。

「何か変だな」と感じつつも、我が国のジャーナリズムと比べ、アメリカのマスコミに信頼を寄せていた私は、ギャリソン検事を貶めようとするテレビニュースシーンに、まずびっくり仰天したわけである。

その後、マスコミのケネディ暗殺事件への真相隠蔽が、一部ではなく、広範囲に及び、しかも相変わらず継続しているのを知り、当初のショックは全米のテレビや新聞に対する不信感へと深化していった。

『大統領の陰謀』と米ジャーナリズム

ところで、アメリカジャーナリズムの気骨と優秀さを表す例として、常に挙げられるのが、ニクソン大統領辞任のきっかけをつくった『ワシントン・ポスト』紙のウォーターゲート事件報道である。

同事件は、一九七二年の大統領選挙中、ニクソン再選委員会の関係者が、民主党本部のあるウォーターゲートビルに侵入し、盗聴器を取り付けようとしていたのを、巡回中の警備員に発見され、警察に逮捕された。

事件発覚時は、コソ泥扱いされていたが、『ワシントン・ポスト』紙のスクープ記事によって、一大スキャンダルへと発展。政権への影響を憂慮したホワイトハウスが、捜査妨害を繰り返し、事件調査のために設けられた特別検察官を解任する重大な司法妨害を行うに至り、ニクソン政権に反対する世論が大きく高揚した。

結局、議会の大統領弾劾（だんがい）の勢いに抗しきれなくなったニクソン大統領は、自ら辞任声明を発表せざる得なくなった。

『ワシントン・ポスト』紙のバーンスタイン記者（左：ダスティン・ホフマン）とウッドワード記者（右：ロバート・レッドフォード）は、ニクソン大統領を追い詰めるのだが……

ウッドワード記者は、かつてペンタゴン（国防総省）とホワイトハウス間の連絡将校（海軍情報部の大尉）だった。当時、その事実は、巧みに隠されていた

『大統領の陰謀』　出典：川喜多映画記念館

ホワイトハウスを後にし、ヘリコプターに搭乗する間際、Ｖサインを両手で示すニクソンのニュースフィルムを思い出す人も多いに違いない。ウォーターゲート事件は、大統領の犯罪が暴かれた一大政治スキャンダルとして世に知られている。

以上は、『ワシントン・ポスト』紙の記者ボブ・ウッドワードとカール・バーンスタインの調査報道により、また『大統領の陰謀』（常盤新平訳　ハヤカワNF文庫）というアメリカジャーナリズム史に残る本まで出版されているため、おおよその概要は中高年層なら知っているはずだ。同書は一九七六年、ハリウッドスターロバート・レッドフォードとダスティン・ホフマン主演で映画化され、その年のアカデミー賞八部門にノミネート、四部門を受賞する等名声を博した。映画は、原作の持ち味を生かしながら、二人の若手記者がニクソン大統領を辞任に追い詰めていく過程をスリリングに描いている。

また、ドラマの核心を、言論・表現の自由を掲げるジャーナリズム対最高政治権力者の闘いに絞り込んだ構成が、事件を分かり易く見せるうえで大いに効果を発揮した。ニクソンのマスコミ嫌いは有名で、『ワシントン・ポスト』だけでなく、マスコミ全体を敵に回していたから、ジャーナリズム対最高権力者のシンプルな構図は、一般にもすんなり受けとられたといえよう。

しかし、私はウォーターゲート事件を、『大統領の陰謀』の筋書きが示す単純なものとは毛頭考えていない。それは、映画だけでなく原作本も同様で、もっと複雑で重大な歴史的出来事が背後に秘められた政治的事件だと思っている。

ニクソン失脚と静かなるクーデター論

レン・コロドニーとロバート・ゲトリン共著の『静かなるクーデター　ウォーターゲート事件20年後の真実』（猿谷要監修　斎藤元一、柴田寛二訳　新潮社）には、『ワシントン・ポスト』紙の二人の記者に情報を提供した内部告発者＝ディープスロートと呼ばれる人物が、実はベトナム戦争推進派の大統領首席補佐官アレキサンダー・ヘイグ将軍であり、記者の一人ボブ・ウッドワードはかつてペンタゴン（国防総省）とホワイトハウス間の連絡将校だった経歴が暴露されている。なんと、ウッドワード記者は元海軍情報部の大尉だった。ウォーターゲート事件の深部にはヘイグ将軍ら軍部タカ派による早期戦争終結派であったニクソン追い落としの謀略が隠されているのではないか。

一九一九年の大統領選で勝利した時のニクソンの二大公約は、「法と秩序の回復」と「ベトナムからの名誉ある撤退」。興味深いのは、ケネディ暗殺がベトナム戦争継続を望む軍産複合体による陰謀だったとする映画『ＪＦＫ』と「ニクソン辞任＝静かなるクーデター論」は、共に軍部タカ派による大統領排除という共通性がある。

リチャード・ニクソン

さらには、全米のマスコミが、両事件の背後にあるベトナムからの米軍の撤退という重要問題を国民の目から覆い隠したのを忘れてはならない。

そこで、レン・コロドニーとロバート・ゲトリンの『静かなるクーデター』が論証している「静かなるクーデター論」とはいかなるものか。

詳しい内容は本書を読んでもらうしかないが、簡潔で分かり易い説明文が、歴史家・外交アナリスト、ロジャー・モリスの序文という形で掲載されている。少し長いが当を得た文章なのでそのまま引用する。

「その手段・方法は、舞台装置にぴったりである。策謀者がある秘密の司令官ポストに就いていたわけではない。戦車が議事堂裏の樹木が陰をつくる街路に待機していたわけでもない。われわれが目撃しようとしているのは、古典的なアメリカ型クーデターである。つまり狡猾（こうかつ）と愚行、商業的計算と広報宣伝、政府機関の巧妙な操作とそれからの臆病な撤退、冷たい意図と毛筋ほどの疎漏もなしに成し遂げられた政変である。そして多分もっとも肝心なことは、それが大衆の神話をいささかも損なうことなくやり遂げられたことである(アメリカ式クーデターの際立った特徴は、それが首尾よく成就された後も、その犠牲者たちと歴史の目から隠されたままになっていることである)。」

以上、述べられた「アメリカ型クーデター＝静かなるクーデター論」は、歴史に残るアメリカ政権交代劇を説明する際、極めて説得力に富んだ理論であり、現代でも立派に通用する。

ロジャー・モリスは、ウォーターゲート事件がその代表例と言っているが、同理論は、一九六三年のケネディ暗殺や二〇二〇年のトランプ大統領落選にも当然適用できる。

今は陰謀論否定の風潮が蔓延しているため、典型的な陰謀論だと攻撃を受けそうだが、少し前まではモリスのような第一級の高名な識者が同理論を当然のごとく主張していたので重要だと思い、ここで紹介した。

但し、当初より陰謀論が盛んに主張されたごとく、ケネディ、トランプ両大統領排除の場合は例外なものかもしれない。なぜなら、両事件ともロジャー・モリスが述べる「それが首尾よく成就された後も、その犠牲者たちと歴史の目から隠されたままになっている」状態とはほど遠く、国民の多数派世論によって疑いの目が向けられ続けているためだ。他の「静かなるクーデター」との違いを考察していくと、ケネディとトランプ排除の場合は、共産国の関与・工作に行き着くといえよう。両ケースの際立った特徴に注目したい。

一方、同理論の正しさは、『静かなるクーデター』のニクソン大統領辞任分析でいかんなく発揮されている。だが、一つだけ重要な事実が今日では明らかとなっているので、本書を読む時には、その点だけは念頭に入れておいてもらいたい。

それは『ワシントン・ポスト』紙のウッドワード記者にニクソン政権内の情報を流したと推理されている同書のヘイグ補佐官説は誤りだったということだ。

二〇〇五年五月三一日、元FBI副長官で、大統領監視役だったことで知られるW・マーク・フェルトが、家族の弁護士であるジョン・コナーの代筆による『ヴァニティ・フェア』誌の記事で、自分がウッドワード記者の「情報提供者＝ディープスロート」だったと認めている。

私が『大統領の陰謀』を読み、まず気になったのは、ウッドワード記者に情報を流すディープスロートと呼ばれる謎めいた人物の存在で、ミステリ小説でもないのにちょっとおかしいなと思った。映画『大統領の陰謀』を観た映画批評界の重鎮、双葉十三郎が「ディープスロート」とよばれる人物がくれる情報と示唆で活動するのが他力本願な印象を強めるのも疑問である」

（『僕の採点表Ⅲ』〔トパーズプレス〕）と鋭い指摘をしていたが、ノンフィクションにもかかわらず、ミステリ小説風な人物がなぜかキーマン的な役割を果たす。

なんとも居心地が悪かった。なお、双葉十三郎は、レイモンド・チャンドラーの『大いなる眠り』（創元推理文庫）の翻訳でも知られるハードボイルド、ミステリ界の著名人でもある。

当のウッドワード記者は、フェルトの告白を受けて二〇〇六年に『ディープ・スロート　大統領を葬った男』（伏見威蕃訳　文藝春秋）を執筆・出版。我が国でも大々的に販売されたが、同書を読んでも、映画や原作本から受けた「居心地の悪さ」を払拭できなかったばかりか、一層「静かなるクーデター論」の正しさに確信をもった。

即ち、フェルトがディープスロートであると判明しても、ヘイグ補佐官の政権内での役割が変化したわけでなく、無論ウッドワード記者の経歴や行動に修正を加える必要は全くない。むしろ本当の情報提供者が、大統領監視役で知られたFBI副長官マーク・フェルトだったわけだから、政権内抗争の謎は一層深まったといえよう。

ニクソン大統領辞任の裏には、ベトナム戦争終結に対しての軍産複合体が仕組んだ陰謀が隠されているのではないか。レン・コロドニー、ロバート・ゲトリンの共著には、同辞任劇への疑問が具体的かつ詳細に書かれている。

とはいえ、ケネディ暗殺を、軍産複合体が計画・実行したクーデターと解釈したオリヴァー・ストーン監督は、『JFK』の姉妹編とも呼ぶべき映画『ニクソン』で、ウォーターゲート事件を大統領追い落としの「静かなるクーデター」とは描いていない。無論『大統領の陰謀』のように、反権力ジャーナリズムの功績を評価するようなくだりも一切なく、ニクソンを紋切型の悪役タイプとしても扱わなかった。それどころか弾劾の声が高まり失意の底にあった大統領(アンソニー・ホプキンス)に対しての、同情的とでもいうべき描写に驚きさえ感じたほどだ。ストーン監督は、実を言えばケネディも成し得なかったベトナム戦争終結を高く評価していたのではないか。それが、ベトナム戦争の地獄を体験した帰還兵オリヴァー・ストーンの率直な感慨だったのではないか。そんな気がしてならない。

オズワルドはケネディを撃っていない!?

そこで、映画『JFK』に戻り、本作についてもう少し見ていこう。作品の柱となっている軍産複合体犯行説ついて、ここまでピッグス湾事件をきっかけとしたCIAや亡命キューバ人組織との対立、キューバ危機における軍部右派との確執、そしてベトナム戦争問題まで、映画『五月の七日間』等も引用し、一九六〇年代初期の雰囲気を甦(よみがえ)らせながら、ケネディ大統領に敵対する勢力を逐一挙げて、暗殺の動機や背景を解明してきた。

さらには、ギャリソン検事の主張するクーデター論にも言及したので、軍産複合体説にはもうこれ以上深入りしない。ここからは『JFK』が後半のハイライトシーンとして描写した、ディーリープラザでの暗殺の具体的状況を、近年の調査や検証の過程をたどりつつ、再度分析していくつもりである。

まず、暗殺現場の実情を事件後いち早く公にした報告書＝ウォーレン委員会報告の内容から始めたい。

同報告書は、リー・ハーベイ・オズワルドが、テキサス教科書倉庫ビルの六階の窓から、イタリア製のライフル銃（マンリカ・カルカーノ）で、エルム通りをリムジンに乗って進行中の大統領を背後から五・六秒間に、三発連射し殺害したというものである。

ギャリソン検事は、この基本的な事実認識に異論を提起した。即ち、ボルトアクション式のライフル＝マンリカ・カルカーノでは、引き金を引くまでにかなり手間がかかるため、五・六秒間に二発命中させるのは不可能である。なお、五・六秒というのは、暗殺現場で偶然八ミリ撮影をしていたエイブラハム・ザプルダーのフィルムに写っていた大統領殺害シーンから割り出された秒数だが、そんな僅かな間に三発も撃ち二発を命中させるのは、相当な腕前でも無理、ましてやオズワルドにできたはずがないというのがギャリソン検事の主張である。

オリヴァー・ストーン監督をはじめ、多くの暗殺陰謀論者も同様の見方をしていた。映画が制作された時点では、FBIによる狙撃実験でも失敗し、さらにオズワルドは海兵隊時代、射撃の成績は並以下だったと伝えられていたのも影響している。

ギャリソン検事は、ウォーレン委員会報告に対する疑問（海兵隊時代、オズワルドの狙撃下手が有名だったこと等）をラッセル・ロング議員に教えられ、その時から政府の公式発表に大きな疑問を抱くようになった。

同議員がギャリソン検事に、ウォーレン報告を批判し、一笑に付すくだりが『JFK』にも出てくる。ワシントンDC上空のジェット旅客機内でのシーンだ。ロング議員（ウォルター・マッソー）が、「オズワルトは海兵隊じゃ、あだ名は赤パンツだ。射撃が下手という悪口さ」とあきれた顔で話す場面が印象に残る。

犯行に使われたマンリカ・カルカーノという銃は、命中率が低く、第二次世界大戦中「最低のライフル」と評されていた。そんな銃で、「赤パンツ」のオズワルドがリムジンに乗った大統領を撃ち殺せるはずがない。『JFK』を初めて観た時、私もそのように解釈するのが当然だと思った。

事件の再現でオズワルドの単独狙撃説が浮上

ところが、暗殺五〇周年を記念して「ヒストリーチャンネル」が二〇一三年に制作した番組『決定版：JFK暗殺最新レポート』には、以上の説明を覆す決定的な事件検証の試みが映し出されている。

まず、オズワルドがテキサス教科書倉庫ビル六階の窓から大統領をライフルで撃ち殺すことができたか否かを検証するために、当時と全く同じ環境が再現された。

場所は、テキサス州フェリスにあるシューティング・アカデミー。六階の高さのある場所から、八〇メートル離れた三つの標的（大統領を乗せたリムジンが三発撃たれた時に、移動したと考えられる三ヶ所）を設置し、それらを狙って素早くマンリカ・カルカーノ銃の引き金が引かれた。

その際、射撃を行ったのはネイビーシールズ（米海兵隊の特殊部隊）の狙撃兵だったマシュー・メルトン。彼は、五・五三秒間に三つとも見事に射抜き、これまで信じられていた五・六秒で三発撃ち、二発命中させるのは不可能という理論をあっさり覆してしまった。それもたった一回の実験でやり遂げてしまったのである。

これで、オズワルドが一人で撃ったという説が否定できなくなった。狙撃を成功させたマシュー・メルトンは「彼（オズワルド）が同型の銃を使った可能性はあります」と言ったが、厳しい条件を付けるのを忘れなかった。「可能性はあるといってもあくまでも射撃場での話です、標的が生身の人間でしかも大統領なら、恐怖で感情も高ぶります。ほかにも様々な外的要因を考慮する必要があります」。プロ中のプロの発言であり傾聴に値しよう。

やはり犯行を成功させるためには、相当な腕前でなければならないから、「赤パンツ」の男には無理だったのではないか？

その疑問については、同シーンの直後、ケネディ暗殺事件に詳しい作家ジェラルド・ポズナーが、次のような証言をしている。「オズワルドは噂ほど射撃が下手ではなく、海兵隊に入隊した頃は、射撃の名手でした。彼は二〇〇メートル先にある二五センチの標的を射抜けました。スコープなしで一〇発中八回も。優秀でした。」というくらいだから、相当な腕前だったといえよう。

その技術を除隊後も維持できたかどうかは不明というが、第一章で触れたように、暗殺前の八月二一日〜九月一七日の間、ルイジアナのジャングルで特別訓練を受けていたならば、オズワルドが大統領を殺害した可能性は十分ある。

政府による「魔法の銃弾」説

ところで、ディーリープラザでのケネディ狙撃について、最も謎とされている政府側の説明が、「魔法の銃弾」説と呼ばれるものである。ウォーレン委員会報告によると、テキサス教科書倉庫ビル六階の窓から発射された三発のうち二発目の弾丸は、大統領の背中から一七度の角度で下方に向かい、そこから上昇し、ケネディの首の前部から飛び出した後、空中で一・六秒停止し、そこから急に右折してさらに左から右へまた左へ、そして大統領の前の座席にいたコナリーテキサス州知事の右脇から体内へ入った。そして同弾は二七度の角度で下方へ向かい、知事の第五番目の助骨を砕き、胸の右側から体外に出た。次に右折し知事の右手首に再突入、手の骨を砕き、また手首から体外に出て、Uターンをして再度知事の左腿へ入ったという。

以上、アニメーションに出てくるシーンのように、弾丸が空中で停止し、向きを変える等、現実ではあり得ない飛び方をしたと述べているため、「魔法の銃弾」と呼ばれている。

この説は、仮にオズワルド一人の犯行とすると、五・六秒間に撃てる弾は最大三発。政府は一発が大統領にあたらず、パレードを見学していたジェームズ・テーグの頬にあたり、もう一発は大統領の頭部に致命傷を負わせていたことを認めていたので、大統領とコナ

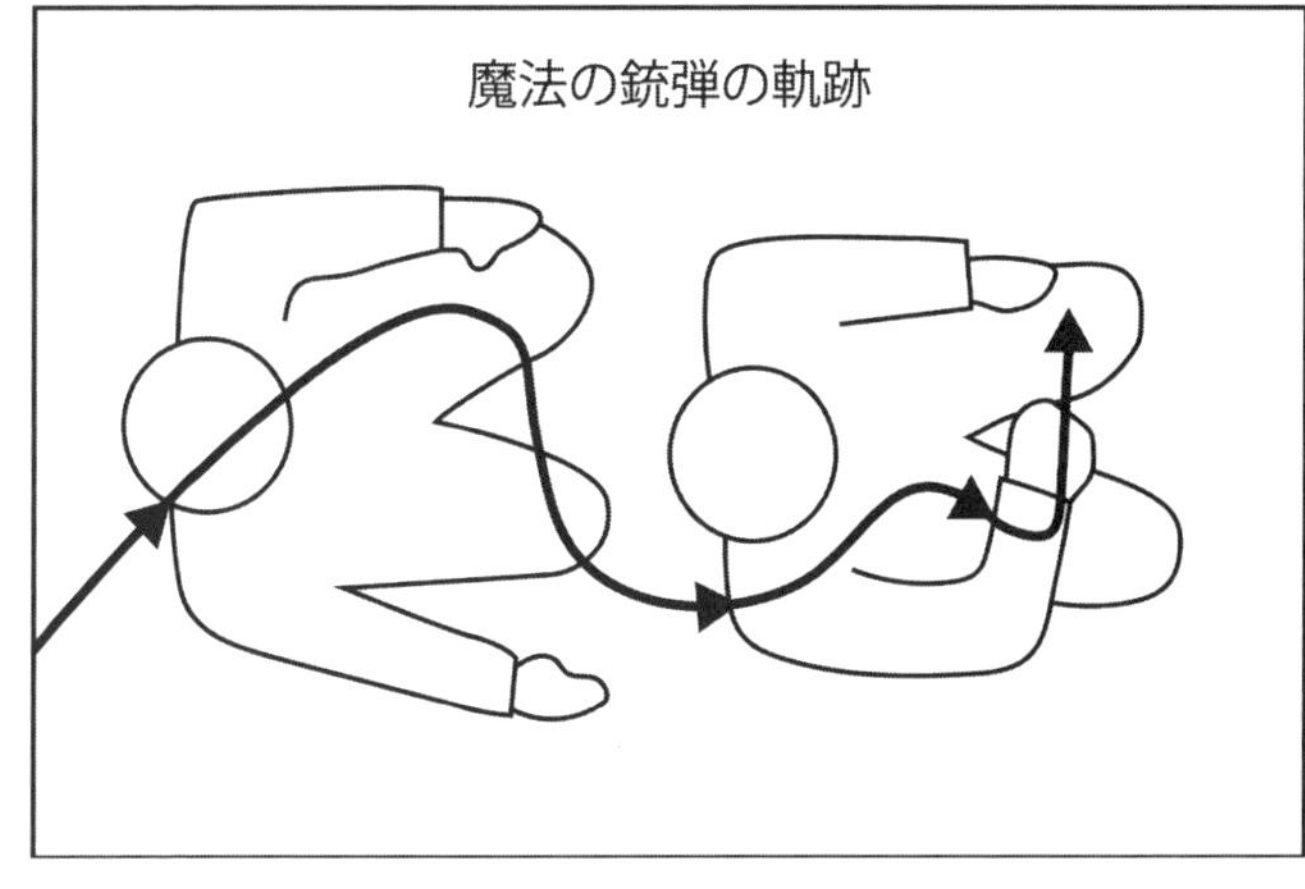

▲大統領車と同じようなオープンカーに乗る人形をライフルで狙う男。他の二ヶ所からもライフルで同時に狙撃の訓練するシーン。この場面は、ケネディ大統領を、三方向から狙撃したというジム・マーズの暗殺本からヒントを得て撮影された

◀『ダラスの熱い日』の中で、暗殺の首謀者と思われる元ＣＩＡ高官を演じたバート･ランカスター（右）と暗殺グループの元軍人を演じたロバート・ライアン（左）

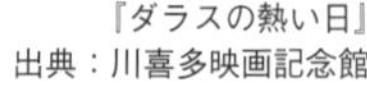

『ダラスの熱い日』
出典：川喜多映画記念館

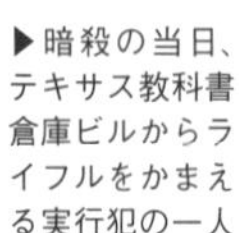

▶暗殺の当日、テキサス教科書倉庫ビルからライフルをかまえる実行犯の一人

リー知事の受けた七ヶ所の傷を、残りの一発の銃弾によって説明しなければならなかった。

それで、前述のようなでたらめな報告書ができあがったわけである。しかも発見された弾丸は、ほとんど原形と変わらない状態だった。通常人体に入った弾丸は潰れた形になる。これでは、ウォーレン委員会報告を国民が信用しなくなるのも当り前だ。

なお、映画『ＪＦＫ』でギャリソン検事が「魔法の銃弾」説を説明する時に使用した、弾丸の進む方向を示す図表は、実際に検察官シリル・ウエクトがＡＢＣテレビのニュース番組で使ったものと同じであるという。

以上政府見解批判を、より正確な文章に直してみたが、この点についても、『決定版：ＪＦＫ暗殺最新レポート』は新たに判明した証拠に基づき説得力に富む反論を述べている。作家のトム・ホーンは、銃弾の「ジグザグの動きを陰謀論者は論点にしますが、そこに問題がある」という。実をいえば、コナリー知事は「大統領のななめ左前にいた」わけで、目の前にいたのではなかった。

写真の角度によっては、一見目の前にいたように見えるが、正確には「ななめ前にいた」のである。そして例の弾丸の進路を示す図が正しく修正される映像を背景にして、銃弾はジグザグに進む必要はなんらなく、「直線を描いて最終地点の知事の左腿までたどり着くことができた」とトムが語る。要するにウォーレン委員会が、コナリー知事の座っていた場所を誤認して、銃弾の進路を解釈していたわけで、ここでも同委員会報告のいい加減さが証明された。

また発見された弾丸が原型と変わらない状態だったというのも誤りで、実際は「底部はつぶれ、中央は湾曲していた」と、同弾丸の証拠写真が映し出される。かくのごとく、謎に包まれていた「魔法の銃弾」の疑問は、あっという間に解き明かされてしまったのである。

グラシノール（小高い丘）に狙撃者はいなかった

結局、ディーリープラザでの出来事について残った大きな疑問は、第二、第三の狙撃犯存在の有無、即ちオズワルド以外のヒットマンの問題だけとなった。

『JFK』『ダラスの熱い日』両作品とも、大統領の乗ったリムジンの進行方向右側にあるグラシノール（小高い丘）から発射された弾丸が、ケネディに致命傷を負わせたように描いている。これらの映像は既に書いたように、ジム・マーズの著書『Crossfire：The Plot Killed

Kennedy』（未翻訳）の説を採用し、三方向から狙撃されたとの推理に基づいたもので、犯人はテキサス教科書倉庫ビル六階の窓とヒューストン通りをはさんだ向かい側のビルディング（『ダラスの熱い日』では群記録保存所ビル、『JFK』ではダル・テックスビル）と、グラシノールにそれぞれヒットマンが配置されていたと推定。目標の大統領は死のトライアングルのど真ん中にいたわけだ。

銃撃があった直後、リムジンの近くに居合わせた多くの人は、異口同音に弾丸はグラシノールの方向から飛んできたと証言。

その場所にヒットマンがいた決定的な証拠は、大統領に致命傷を与えた三発目が命中した瞬間をとらえた、エイブラハム・ザプルダーフィルムによる映像、通称「ザプルダーフィルム」である。ケネディの頭部が吹き飛ばされた瞬間、身体は左後方へのけぞっているのがはっきりと確認できるため、弾丸は進行方向右側のグラシノールから発射されたと判断された。無論映画『JFK』は、三方向による複数犯人説に立っているので、発射された弾丸は全部で六発、その最後の一発が致命傷を与えたように描写している。

クライマックスの法廷シーン（ザプルダーフィルムを巧みに利用した映像）を観ていると、

確かに六発目（ウォーレン報告書では三発目）はグラシノールから飛んできたように見えるが、この部分については、ナショナルジオグラフィックが二〇一三年に製作したテレビ番組『ケネディ大統領暗殺の真相』が有力な反論を展開し、映画『ＪＦＫ』公開当時、私が抱いた確信を覆してしまった。

この番組は、ザプルダーフィルムを筆頭に、当時ディーリープラザで撮影された複数の現場フィルムを、現在の技術で鮮明な画像に修復し、その映像分析を通して事件の真相に迫るものだが、当時分からなかった事実を、次々と明らかにしていく。必見の番組である。

まずグラシノールのヒットマンについて、大統領が撃たれた際、ザプルダーはヒットマンがいたとされる位置から少し離れた左側で撮影していたので、当然発砲場所は写っていない。だが、同じ瞬間をザプルダーの反対側で、八ミリカメラで撮影していた市民が二人いる。その一人マーク・ベルのカメラは、多くの見物人が発砲のあった直ぐ後、グラシノールを駆け上がっていく様をとらえているが、今日重要なのは、同フィルムに写されたグラシノールの全景のほうだろう。

最新技術で修復した映像を拡大し、大統領を乗せたリムジンが猛スピードで走り去った瞬間を、細部にわたるまで点検しても、ヒットマンらしき人物の存在は全く確認できない。

一方、マーク・ベルの隣で撮影していたオーヴィル・ニックスの八ミリは、致命傷を与えた銃弾が大統領の頭部に命中する瞬間をとらえており、その修復された映像を拡大解析すると、血しぶきは頭部から前方に向かって飛んでいる。

これは銃弾が後方から来た動かぬ証拠だ。そもそも、グラシノールからの狙撃だとする有力な証拠、ケネディの身体が左後方へ動いた事実に関しても、これまで弾道学上有力な反論が主張されてきた。

例えば、前述したテレビ番組『決定版：JFK暗殺最新レポート』では、ジェラルド・ポズナーが次のように語っている。「映画では後ろから撃たれても、後ろに反り返りません。でも弾道学と法医学の専門家は間違いだと言います。身体の動きは参考になりません。銃創自体だけでなくX線や写真も見る必要があります。医学的な証拠では後ろからの銃撃です(引用者注：撃たれた人物は、弾丸が飛んできた方向と反対に身体が動くと考えがちですが、実際にはそのようにはならないという意味)」。だが同発言に続き、「頭の動きに関する科学的な説に今のところ決定的なものはない」との文字が画面に出るため、ポズナーの見解も発砲した場所を特定するうえで完璧なものとは言えない。

してみると、ザプルダーのいた反対側で撮影されたフィルムに写っていた映像こそ、最も重要な証拠といえるのではないか。つまり銃弾が頭部に命中した時の血しぶきが前方へ飛び散り、グラシノールに人影が全く見えない映像が決定的というべきである。

私も、『JFK悪夢の真実』の最後に、テレビで放映された現場写真やフィルムの解析を通して、近い将来真相が明らかになるのではないかと書いたが、それが予想と反する形で現実のものとなった。最新テクノロジーは、グラシノールにいたとされるヒットマンの存在を完全に否定したといえる。

もう一つ付け加えるなら、ディーリープラザ全体がビルに囲まれているため、丁度山間の谷のようにこだまを引き起こす構造になっているのが、近年専門家らの調査によって明らかとなり、現場に居合わせた人々の聞いた銃声の示す方角や回数もあてにならないことが分かった。これなども複数説を覆す新たな証拠といえよう。

また暗殺時晴れていたのに、ディーリープラザでこうもり傘をさしていた「傘男」の件等、ヒットマン複数犯説に根拠を与えていたほかの謎も、今ではことごとく解明されている。それらについて知りたい人は、『決定版：ＪＦＫ暗殺最新レポート』でも詳しく紹介されているので、同番組をご覧になることをお勧めする。ともかく、暗殺現場での最新の検証や新事実の発見は、オズワルドが単独で犯行に及んだのを裏付けているというべきで、複数犯説否定への言及はこのあたりで終了としたい。

但し勘違いしてもらっては困る。ケネディを撃ったのが、オズワルド一人だったからといって、彼をバックアップした勢力の存在を否定することにはならない。そもそも今回の新説は、第一章でキューバとソ連が主犯であるのを具体的かつ詳細に解き明かしたロバート・ベアの「大統領を射殺したオズワルドを支援した人脈が必ず存在する」という確信から始まったのを思い起こす必要がある。ディーリープラザでのオズワルド単独狙撃説は、キューバ・ソ連説となんら対立・矛盾するものではない。

オズワルドの単独狙撃説の波紋

とはいえ、前述した最新テクノロジーを駆使した検証や近年の暗殺研究により、二〇一七年に機密文書が公開されるまでの間、オズワルドの単独狙撃説が有力となっていたせいで、二一世紀に入り製作されたケネディ暗殺を取り上げた映画やテレビドラマは、オリヴァー・ストーン監督の『ＪＦＫ』のように事件の背後に陰謀があったとは描かなくなってしまった。

例えば、二〇一三年制作の『パークランド　ケネディ暗殺、真実の4日間』は、暗殺の瞬間を八ミリで撮影していたザプルダーをはじめ、病院に運び込まれた大統領を執刀した医師、シークレットサービスのダラス責任者、犯人オズワルドの母と兄、ＦＢＩダラス支局の捜査官といった人々の人間ドラマである。

本作は、パークランド病院でケネディが死去し、事件直後逮捕されたオズワルドが二日後ジャック・ルビーに撃たれ、同病院で死んで埋葬されるまでの経過を、前述した六人の動向を中心に史実に基づき再現したものだ。逮捕されたオズワルドとの面会に来た兄が、ダラス警察署内で会話を交わした際の、微妙なニュアンスをもったオズワルドの発言やしぐさも登場するが、それは陰謀を匂わすとまでは言えない。

同作品の後、しばらくして制作された『ジャッキー　ファーストレディ　最後の使命』（二〇一七）は、ダラスの悲劇によってショックと悲しみにとらわれていたジャクリーン夫人が、夫ケネディの功績・名声を後世に残すため、自らの命をかえりみず、最後の使命に身を投じていく様を描いている。本作では暗殺の瞬間がリアルに映し出されているが、陰謀を思わせる場面は一切出てこない。

両作品とも、ケネディ大統領暗殺の悲劇に直面した人々の思い、心の葛藤に焦点を絞り、物語を構築している。事件の社会的・政治的事柄とはなるべく距離をおいているといえよう。ましてや、陰謀を連想させる場面を描くことなど、制作側には全く念頭になかったのではないか。

それ以外、ジョンソン大統領を扱った映画やテレビドラマがいくつか制作されているが、いずれも陰謀については触れていない。例外は、スティーヴン・キング原作のテレビミニシリーズ『11/22/63』(二〇一六)。主人公がケネディ暗殺を阻止するため過去へ行くというタイムスリップもので、いわゆるSFファンタジーである。

興味深いのは、暗殺が行われた時間と場所に戻った主人公が、テキサス教科書倉庫ビル六階で目撃したのが、ライフル銃を構えるオズワルドの姿だったことだ。テレビ放映は二〇一六年、オズワルドが単独で狙撃したという声が大きくなっていた頃だったので当然だと思うが、それでもドラマの中には陰謀を匂わせる会話が何度か登場する。

これは、原作小説の出版が二〇一一年で、まだ映画『JFK』の熱気が冷めていない時期に物語が構想され、書かれたことも影響しているが、やはりエンターテインメントとして見せるためと考えたほうがよさそうだ。

というように、二一世紀に入ってから陰謀を映像化したものは、劇映画、テレビドラマですっかり影を潜めてしまった。それは、既に詳述したように、陰謀論の大きな拠り所となっていた「マンリカ・カルカーノ銃で、五・六秒間に命中させるのは不可能である」「魔法の銃弾説」、「第二、第三のヒットマンの存在」等が新たな証拠や科学的な検証によって全て否定され、オズワルド単独による狙撃が確定的となったからである。さらに書籍についても、本書で何度か発言を引用した作家ジェラルド・ポズナーのオズワルド単独犯説に基づく『CASE CLOSED』(未翻訳 二〇一三年)が書かれて以降は、同じく陰謀論ものは出版されなくなった。

新しい「マフィア暗殺説」の登場

但し、例外と言っていい本が二冊あり、本論考にとっても大切なので一冊だけ紹介しておく（もう一冊は既に第一章で簡単に紹介した『OPERATION DRAGON-INSIDE THE KREMLIN, S SECRET WAR ON AMERICA』〔未翻訳〕である）。二〇〇五年に出版されたラマー・ウォルドンとトム・ハーマン共著の『Ulitmate Sacrifice』（未翻訳）がそれで、二〇〇八年には新証拠を書き加え、『LEGACY OF SECRECY』（未翻訳）というタイトルで装いも新たに出版されている。基本はマフィアによる暗殺陰謀論といってよいが、CIAのカストロ暗殺計画やキューバ社会主義政権に対するクーデター計画と密接な関係をもち、第一章で取り上げたキューバ・ソ連説とも絡んでくるので、解説しておく必要があるだろう。

ジョゼフ・P・ケネディ

映画『JFK』の冒頭ニュースフィルムでロバート・ケネディがジミー・ホッファ（労働組合指導者。マフィアと手を組んで不正行為を働いたとされている）を尋問している場面が出てくるが、「これは、司法長官となったロバート・ケネディの対マフィア戦争を象徴している」と、私は『「JFK」悪夢の真実』（社会思想社）で書いた。

そのうえでジョン・F・ケネディの父親ジョゼフ・ケ

ネディと暗黒街との因縁の関係、一九六〇年の大統領選挙でマフィアが果たした役割にも触れ、父親の代からの恩義を忘れた裏切り者ジョン・F・ケネディに対する報復として暗殺が行われたと、いくつか論拠をあげ説明した。そのほか、キューバのカジノ利権やオズワルドを殺したジャック・ルビーがマフィアと繋がっていた問題等、マフィアの暗殺関与についても若干述べた。だが、映画『JFK』の中に出てくるギャリソン検事（ケビン・コスナー）のセリフ「マフィアの関与は低い段階だ」「連中にはあんな度胸はない」「暗殺者には報酬……スケジュールに命令系統、すべてが軍隊式の手順だ」とあるようにマフィアだけでは、ダラスでの犯行は不可能と考えるのが一般的見解だったので、それ以上は深入りしなかった。

ラマー・ウォルドンとトム・ハーマンの『LEGACY OF SECRECY』は、従来のマフィアの関連証拠にも当然触れているとはいえ、中心となる事柄は明らかに違う。即ちCIAがマフィアと共謀していたカストロ暗殺計画が、ケネディ暗殺へと移行・転換したのが事件の核心だと主張している。そこで、同書のオリジナル版『Ulitmate Sacrifice』を映像化したNBC制作のドキュメンタリー番組『陰謀のファイル：JFK暗殺』（二〇〇六）の重要ポイントを振り返りながら、以下、最新のマフィア説の概略について述べていく。

まず同ドキュメンタリーの冒頭に出てくる、バティスタ独裁政権（キューバ革命で倒された、当時の親米政権）がアメリカのマフィア組織に首都ハバナでの賭博営業を許可したくだりに注目してもらいたい。腐敗した独裁政権下で巨万の富を得ていたマフィアが、一九五九年の革命で、キューバを追放されたことがマフィアによるケネディ暗殺計画の始まりだったといえよう。

一九六〇年一月、大統領に就任したジョン・F・ケネディは、カストロ政権を倒すためにピッグス湾事件を起こした。同事件にもう一つ重要な事柄を付け加えるなら、ピッグス湾への侵攻は、前のアイゼンハワー政権時代にCIAが作成した計画をケネディが承認したという事実だ。

ピッグス湾侵攻の失敗後、ケネディのやり方に満足できなくなったCIAは、キューバ社会主義政権打倒のため別の計画を推進し始めるが、彼らは既に一九六〇年の夏からカストロ暗殺をマフィアと共謀していた。新たなカストロ暗殺計画を、CIAがケネディ兄弟に報告しなかったのは、ピッグス湾事件後、大統領を頼りにせず独自にカストロ打倒を目指したこともあるが、最大の理由は、CIAが犯罪組織＝マフィアと手を組んで計画を推進していたせいとみるべきだ。

一九五〇〜一九六〇年代、マフィアはアメリカで絶大な力をもち、地方政府の官僚腐敗の源泉となっていたので、一九五〇年代末からマフィアに対する批判が高まりつつあった。

この頃、テレビで大ヒットした犯罪ドラマシリーズ『アンタッチャブル』（アメリカでの放映は一九五八〜一九六三年）が、一九三〇年代の司法省犯罪調査特別組織（ＦＢＩの前身）対ギャングとの戦いを描いていたのは、政府側の反マフィアキャンペーンの一環だった。また同時代のＦＢＩ映画の多くが、似たような背景によって製作されていたのを思い起こせば、当時のおおよその雰囲気が分かるだろう。

マフィアとの戦いを、より先鋭化させたのがケネディ大統領の下で、司法長官を務めた弟のロバート・ケネディなのはよく知られている。

実際、同司法長官の指示で、司法省は大物マフィアを次々に起訴している。主な目標はシカゴのボス、サム・ジアンカーナと彼の側近でラスベガスにいるジョン・ロゼリ、そしてフロリダの巨頭サントス・トラフィカンテ。トラフィカンテはキューバと縁が深く、ルイジアナのカルロス・マルセロと協力関係にあり、そんな時、ＣＩＡはマフィアと一緒にカストロ暗殺を計画実行していたわけだから、同情報をケネディ兄弟に知らせるはずはなかった。

一九六一年、ロバートはルイジアナのボス、マルセロが米国市民でないことを理由に、グァテマラへ追放する。そのあたりの事情については映画『ジャック・ルビー』（一九九二）が描いているのだが、登場するマフィアの大物は、マルセロではなく、フロリダのトラフィカンテで、マフィアがケネディに抱いていた憎しみも描かれていて興味深い。映画はジャック・ルビー（ダニー・アイエロ）と暗殺との関わりもそれとなく映像化していた。

ルビーは、シカゴからダラスへ移った後も、マフィアとの繋がりを絶やさず、マルセロの配下にあり、映画『ＪＦＫ』にも出てくるルビーの経営していたストリップ劇場（カルセールクラブ）の踊り子たちも、元々はマルセロの弟のバーで働いていたのが分かっている。

また『陰謀のファイル：ＪＦＫ暗殺』の中で、オズワルドの伯父がマルセロの下で賭博の胴元をしていたとナレーションが語っているように、ニューオリンズの治安の悪い地域で育ったオズワルドは、家族ぐるみでマフィアと繋がっていた。まだ若いオズワルドが、マルセロの仲間と一緒に談笑しながら、軍事教練キャンプのような催しに参加している写真（一九五五年撮影）が映し出された後、下院暗殺特別委員会の責任者だったＧ・Ｒ・ブレーキーが「オズワルドが当時所属していた民間航空パトロール隊では、デヴィッド・フェリーが教官を務めていました。フェリーはマルセロの私立探偵でもあった人物です」と解説する。

映画『ＪＦＫ』では、不審な死を遂げ反カストロ派の一員だったフェリーが、実はマフィアとも深い関係をもち、同じ民間航空パトロール隊でオズワルドの教官だったというのだ。

これだけでも、陰謀の臭いがプンプンするが、ギャリソン検事が捜査していた反共右翼で元FBIのガイ・バニスターやニューオリンズの実業家でCIAのクレイ・ショー(バートランド)の怪しげな行動やオズワルド、フェリー、バニスター、ショーとの結びつきを考えれば、映画『JFK』の主張するCIAがらみの軍産複合体説が、説得力をもってくるのもうなずけるだろう。

新マフィア説とキューバとの繋がり

だが、ラマー・ウォルドンとトム・ハーマンのマフィア説はここから先、軍産複合体説と別の方向へ推理を展開していく。CIAはピッグス湾事件の失敗はケネディが空からの援護を取りやめたからだと、大統領に敵意を抱き、秘密裏にマフィアと結び、カストロ暗殺計画を推し進めたことは既に述べたが、その試みはことごとく失敗してしまう。

丁度その頃、一九六二年一〇月、キューバ上空を偵察飛行していたアメリカのスパイ機U2が核ミサイル基地を発見し、「キューバ危機」が起きる。同事件が一三日間でなんとか終息した後も中距離核ミサイル攻撃の恐怖は、キューバの査察拒否のおかげで依然として続いていたから、ケネディ兄弟は新たな対策の必要に迫られていた。

ラマー・ウォルドンによると、一九六三年春、亡命キューバ人指導者がケネディ兄弟に妙案を持ち掛けたという。それが、キューバ軍司令官J・アルメイダが関与する極秘のクーデター計画である。

アルメイダ司令官は「ピッグス湾事件の二の舞はご免だ」「米国が全面支援すれば、カストロを消す」と政権転覆の協力を呼びかけてきた。ウォルドンの言うように、今回の首謀者はCIAではなく、キューバ第三の実力者が合衆国政府と組んでカストロを排除しようとするわけだから、ケネディ大統領には、核の脅威を取り除き、ソ連とキューバの関係を断ち切るうえでも、最善の策に思えたに違いない。

ロバート・ケネディ

但し、計画が露見すれば、核戦争の危機が再び訪れる可能性がある。ケネディ兄弟は危険を覚悟で計画を承認し、CIAは同作戦（アムワールド計画）の実行日を一二月一日と定めた。

ところが、ウォルドンは、ＣＩＡの二人の職員バーナード・パーカーとデヴィッド・モラリスがクーデター計画の詳細をマフィアに漏らしたと語る。パーカーはフロリダのマフィアのボス、トラフィカンテと古くから親密な仲だった。またＣＩＡマイアミ支局のモラリスは、ロゼリと共にカストロ暗殺を試みた経歴の持ち主だ。極秘情報を知ったマフィアの大物たちは、アムワールド計画を利用して、暗殺の標的を真の敵＝ケネディ大統領に切り替える決定を下した。司法長官のマフィア一掃作戦をストップさせるには、兄のケネディ大統領の息の根を止めるのが最も良い方法だと考えたわけである。だが、発覚すれば第三次世界大戦も起こりかねない。いや、それゆえに絶対バレない暗殺計画でもあった。

暗殺の秘密が保持される最大の保証は、核戦争を是が非でも回避しようとする合衆国政府の態度にあり、ウォルドンの共著者であるトム・ハーマンは番組の中で次のように述べる。「マフィアがケネディを殺しても、戦争を恐れる政府は陰謀を暴かないはずです。国家の安全を保障するために何十年も何百年も真実を隠し続けるのです」

これは、一九六三年一一月以後半世紀以上、暗殺の真相を隠し続けた理由としては、本論考の第一章で詳述したキューバ・ソ連説の場合と並び、合衆国政府の罪は重い。なぜなら、マフィアの犯行は、ケネディ政権がカストロ政権のクーデター計画に加担した事実だけでなく、CIAとマフィアの深い繫がりやケネディ大統領暗殺のきっかけをCIA局員がつくった歴史をも闇に葬り去ったからである。同説が事実とすれば、第一章で詳述したキューバ・ソ連説と同じく、核戦争回避のためジョンソン政権が真相をもみ消したことになろう。

ところでマフィアたちは、暗殺をケネディの選挙遊説先である三つの都市で実行しようとしていた。第一の予定地シカゴでは、元海兵隊員のトーマス・バレーが警察に拘束され、パレードが始まる二時間前、本人の車からM1ライフルと実弾三〇〇〇発が発見された。

しかも、この男は、パレードルート沿いに立つ印刷会社に勤めていたのが判明している。テキサス教科書倉庫ビルに勤務していたオズワルドと軍歴や状況が酷似しているのは果たして偶然だろうか。

実は、トーマス・バレーの件以外にも、大統領警護隊が監視していた怪しいキューバ人二名の存在が知られているが、残念ながら、この二人組は警護隊のちょっとした隙をついて行方をくらましている。

二件の暗殺未遂事件が発覚したので、結局、群衆がパレードを待ち構えるなか、大統領のシカゴ行きは中止となった。

二つ目の都市はフロリダ州のタンパ。シカゴ遊説中止の二週間後、ケネディ大統領が訪れようとしていたのは、マフィアの大物トラフィカンテのお膝元である。地元の警察幹部は警護隊に遊説中止を進言したが、ケネディはその夜の演説を通して、キューバ軍司令官アルメイダを筆頭とする反カストロ勢力にメッセージを送る予定で、タンパでの催しを止めるわけにはいかなかった。大統領はメッセージを効果的に伝えるため、あえて暗殺の危険をおかして同市を訪れたわけだが、一方のトラフィカンテは計画が警察にばれたのを知ってか、大統領殺害を中止したのである。

そしてアムワールド計画の実施日一二月一日を目前に控えた一一月二二日、三つ目の都市ダラスで大統領は遂に殺されてしまう。おかげで、アルメイダとケネディ政権が組んだクーデター計画は表ざたにならなかった。

もう一つ、『陰謀のファイル：JFK暗殺』には、キューバ・ソ連説と重要な関わりのある場面が出てくるので紹介しておく。番組の中でナレーションが、「オズワルドが本当にカスト

暗殺現場となったデイリープラザ周辺の写真。右上の大きな建物が、オズワルドが六階の窓からライフルで撃ったといわれるテキサス教科書倉庫ビル

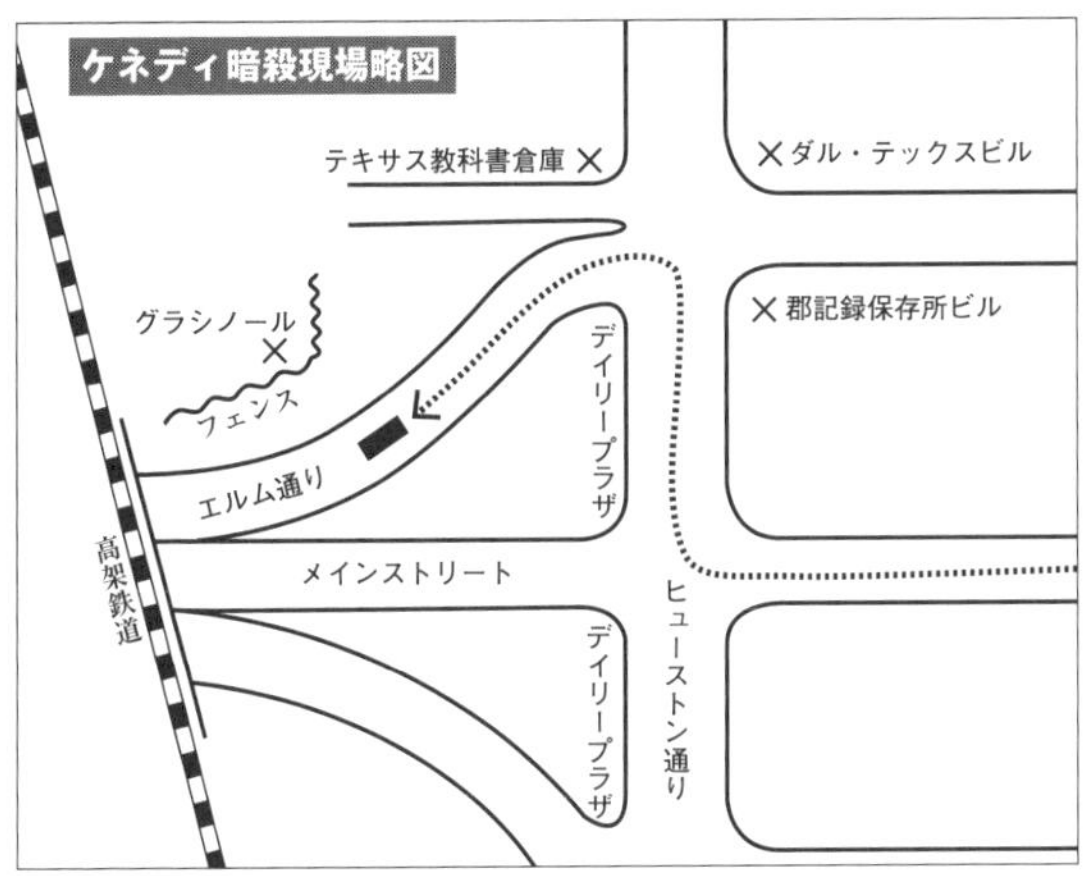

デイリープラザの地図。矢印は大統領車の進路を示す。四つの×印は、『JFK』『ダラスの熱い日』に描かれた犯人たちの居場所。左のフェンスに囲まれた×印がグラシノール（小高い丘）にいたという狙撃犯

『ダラスの熱い日』 出典：川喜多映画記念館

ロの支持者だったのなら、亡命キューバ人に利用された可能性があります。キューバ人はオズワルドを、〝偽旗作戦〟に使ったのでしょう」と語った後、例のG・R・ブレーキーが、「彼らはカストロ支持者を装ったマフィアでした。オズワルドがカストロのために大統領を殺せば、首謀者マルセロは表に出ません」と述べる。これは極めて重大な発言であり、聞き逃さないでもらいたい。

ブレーキーもオズワルドがカストロのために、ダラスでの犯行に及んだのを否定しなかった。オズワルドは第一章で明らかになったようにキューバ・ソ連の情報機関と関係していただけでなく、マフィアに命じられ行動していた可能性もある。「カストロ支持者を装ったマフィア」の一員だったのではないか。この疑惑は、キューバ・ソ連説と見事に重なってくる。それは、同時に亡命キューバ人グループ、オズワルド、ルビー、フェリーらの結びつきを暴露した映画『JFK』の正しさをも証明しているといえよう。

さて、そろそろ本章のまとめに入りたい。ロバート・ベアが公開された極秘文書から読み解いたキューバ・ソ連説と本章で詳述したラマー・ウォルドンとトム・ハーマンのマフィア説、それにジム・ギャリソン検事の捜査と裁判をベースにした映画『JFK』のCIA・軍産複合体説は、お互いの考えが浸透し合い、あたかも足りない部分を補いあっているように思える。読者も似たような感慨を持たれたに違いない。

日本の左翼マスコミが軍産複合体説を報じる理由

ところが、いずれも有力な暗殺説であるにもかかわらず、最新の証拠や科学的見地から主張されたキューバ・ソ連説とマフィア説のほうは、「ヒストリーチャンネル」でドキュメンタリーが放映されたほかは、一部の専門家を例外として、我が国の左翼・リベラル派マスコミは正当に扱わなかったばかりか黙殺した。日本のマスコミが、こと同問題についてこれほど奇妙な態度をとるのはなぜなのか。三つの有力説のうち、ＣＩＡ、軍産複合体説だけが、マスコミに相変わらず取り上げられているのが謎を解く鍵といえよう。それは映画『ＪＦＫ』のインパクトが強く、同説を無視するわけにいかないからでもあるが、本質的な理由は、ケネディがアメリカの国家権力に殺されたという陰謀の構図が、我が国の左翼・リベラル派マスコミの政治的立場と一致したからである。

ＣＩＡ・軍産複合体説は、一九五〇年代、一九六〇年代の左翼によるアメリカ帝国主義論と類似点が多く、レーニンの『帝国主義論』に基づくアメリカ国家観と親和性が高い。ソ連崩壊後も、我が国の大学やマスコミでは、左翼による同種の帝国主義論が大きな力を持ち続けた。近年は、一九六〇年代の学生運動世代でさえ、さすがにマルクスやレーニンの理論をそのまま主張する者は少なくなったが、温室育ちで頭の固い大学の先生などを中心に、ソ連崩壊を経験していない若い世代が再び影響を受け始めている。彼らの場合、我が国の歴史、伝統、文化を深く学ぶ機会がなかったのが共通項といえよう。そのため、どうしても身近にいる反日勢力の理論に影響を受け易い。

しかし、ディーリープラザでの狙撃が、オズワルド一人の犯行であったのが科学的検証により明らかになった現在、ＣＩＡ・軍産複合体説の大きな拠り所となっていた狙撃犯複数説は説得力を失った。そのため陰謀論否定の風潮が強まり、二一世紀になって製作されたケネディ暗殺映画にも影響を与えたのは、既に解説した通りである。

その点、日本マスコミの現状を分析するうえで見逃せないのが、二〇二〇年八月八日にＮＨＫＢＳで放映された『ＮＨＫスペシャル未解決事件Ｆｉｌｅ08ＪＦＫ暗殺　ディレクターズカット版』である。全体のつくりは実写フィルムやインタビューを交えたドラマ構成になっているのだが、作品の出来具合のお粗末さにはいささか驚いた。

冒頭、オズワルドが日本の厚木基地で勤務していた頃、銀座のキャバレー（クインビー）のホステスとの哀切のひと時が描かれる。題材とかけ離れた雰囲気の導入部で、何やら意味ありげだが、この種のこけおどし的なドラマの始まりには、まず中味が伴わないというのが相場で、映画ファンならすぐピンとくる。日本が舞台だから、我が国の共産主義者とオズワルドの関係が詳しく描かれるのかと思いきや、案の定、それらしき場面はほんのお飾りていど、後はお決まりのCIA陰謀論一辺倒となってしまう。

目新しいのは、CIAがオズワルドに接近した理由として挙げる「モール狩り」についての解説ぐらい。CIAに潜入したソ連のKGBメンバーを探すのが目的だったという部分で、それ以外は、既に映画『JFK』が克明に分析したCIA・軍産複合体説をなぞっているだけである。

番組に「ディレクターズカット」の題がついているのは、なにやら映画『JFK』のディレクターズカット版を思わせ、同作品の大ヒットにあやかったようにも見える。これは昨今のB級映画が、本編と見誤るタイトルをつけ観客を騙す手口と大差ない。そんなうしろめたさのせいなのか、わざわざオリヴァー・ストーン監督の姿が一瞬映し出されるが、日本の公共放送局の番組としてはちょっと恥ずかしい。

とりわけ、ひどいと思ったのは、ラスト近くに出てくる事件の謎解き風な場面。帽子をかぶりサングラスをかけたＣＩＡと思しき男たちが、事件の顛末を語り合う。しかも具体的な根拠をなんら示さず、ＣＩＡによる暗殺だったと告白するのだから、どう見ても結論を出すためにむりやり付け加えたとしか思えない。典型的なやっつけ仕事だ。

以上、同番組をこき下ろしたのは、近年ＮＨＫの不祥事多発や放送内容の極端なレベル低下、偏向番組の放映等で、国民の批判が益々強まっている実情を浮き上がらせるのが目的でなく、公共放送というＮＨＫの番組の実態を取り上げることによって、我が国のマスコミの多数派が、明確となった事実さえ伝えなくなっている現実に、目を向けてもらうためである。

かつては、ケネディ暗殺といえば、大手リベラル派や左翼マスコミは、同問題を率先して伝えていたが、今回極秘ファイルが公開され、キューバやソ連の犯行が明確になってくると、手のひらを返し同事件報道に消極的となった。これでは共産国家に忖度しているか、彼らの仲間とみられても仕方があるまい。

現在、中国共産党の自由主義諸国への浸透工作が、世界的にも大きな話題となっている。そんな時代だからこそ、キューバ・ソ連がアメリカ合衆国大統領暗殺に深く関与していたという新証拠発見は、本来現代史を揺るがすビッグニュースとして扱われるべきではないのか。

ともかく、ボブ・ベアたちの番組内容に、賛成するか否かはひとまず置くとしても、これまでケネディ暗殺について発言し、また執筆した人々だけでなく、同問題を報道してきたマスコミ各社は、新証拠発見について自らの見解を表明してしかるべきで、それは同問題に携わった過去を持つ言論人、言論機関全てに課せられた責務といえる。

ケネディの個人史とその人物評価

ジョン・F・ケネディ誕生とその幼少期

ここまでは、暗殺の経過を時代背景に則して詳述してきたが、本章ではジョン・F・ケネディ個人の歴史を振り返り、彼がアメリカ国民からどのような大統領として見られてきたかを家族、軍歴、政治信条等多面的な側面から明らかにしたい。

私と同じく、昭和三〇年代に日本で少年・少女時代を過ごした世代にとっても、ケネディ大統領は、第二次世界大戦後の資本主義陣営の豊かな生活や平和な社会を象徴する存在だったといえよう。一九六一年一月、第三五代大統領に就任した時の「我がアメリカ国民諸君、国家が諸君のために何をしてくれるかを問うな、諸君が国家に何を成し得るかを問いたまえ」という一節に代表される名演説は、太平洋を越えて我が国にも確実に届いていた。

また、一九六三年一一月二二日、ダラスで大統領が凶弾に倒れた時、アメリカ国民はその瞬間、自分が何処で何をしていたかを鮮明に記憶しているという。かくのごとく、アメリカ国民にとってケネディは忘れることのできない輝ける六〇年代のシンボルなのである。

さて、ジョン・F・ケネディは、一九一七年アイルランド系の子孫としてボストンに生まれ

フットボールのユニフォームを着たJFK(1926年)

ケネディ一家。左上、白いシャツを着たJFK(1931年)

た。両親のジョゼフ・パトリック・ケネディとローズ・フィッツジェラルドは、一九一四年に結婚し、既に二歳になる長男ジョーをもうけていたが、その後さらに七人の子供を持つことになる(全員で四男五女)。

九人兄弟姉妹の中で、長男ジョーと次男ジャック(ジョン)は、政治家一族であるケネディ家の期待とプレッシャーを強く受けながら成長した。ジャックは幼少の頃からいくつもの原因不明の病気にかかったが、医学の研究が進んだ今日、彼の病気のほとんどは、家庭内での精神的ストレスから生じていたことが分かっている。両親には人間的な温かみが欠けていた。

父ジョゼフは、第二次世界大戦中ルーズベルト政権で英国大使を務めた富裕な大物政治家で、それゆえ息子たちを財力にまかせ大切に育てたが、それは自分が成し得なかった仕事を、息子たちに託すためだった。

やがてジャックはそんな家庭環境から自立していく。ハーバート大学では、アメフトと水泳に積極的に取り組んだが、そのおかげで背骨を傷めてしまう。

一九四〇年一〇月に、陸軍に入隊しようとしたが、健康上の弱さのため身体検査で不合格となる。その際、彼が繰り返し入隊を試みたのは、第二次世界大戦が始まっていたのは無論のこと、父親が第一次世界大戦で徴兵を忌避していた不名誉を挽回するためだった。

ケネディ魚雷艇艦長時代とその映画化の意味

しばらくして、彼の願いはかなえられ、一九四一年八月に海兵予備軍への入隊が許可される。一九四三年四月、魚雷艇ＰＴ一〇九の艦長となったケネディ中尉は、ソロモン諸島沖で、彼の個人史における重大な事件に遭遇する。

八月二日午前二時、ＰＴ一〇九は日本海軍の駆逐艦天霧（あまぎり）に激突され、真っ二つに割れ、二名が死亡し数名が負傷した。海に飛び込み一命をとりとめた部下たちを、ケネディ中尉は超人的ともいえる指導力によって救い出したが、この英雄的行為は、戦後ハリウッドでドラマ化される。

左写真の左側、右写真の右の人物がリンカーン（リンカン）を演じたヘンリー・フォンダ
『若き日のリンカン』 出典：川喜多映画記念館

それが、ケネディが大統領に就任して間もなく制作された『魚雷艇109』（一九六三）という戦争映画だ。

公開時に観ているとはいえ、少年の私にはさして面白い作品とは思えなかった。が、いま考えると、現職大統領の英雄譚を劇映画化しているわけだから、同種の作品としては極めて珍しい。

その頃まで、ハリウッド映画が合衆国大統領をスクリーン上に描いたのは、巨匠ジョン・フォード監督の『若き日のリンカン』（一九三八）をはじめとするリンカーンものやウィルソン大統領の自伝映画『ウィルソン』（一九四四）など数少なく、それ以外の大統領は有名な人物でも映画化されなかった。

ハリウッド映画の中で、話の都合上、大統領が登場せざるを得ない場面でも、姿を見せず声だけに限り、カメラが大統領の全景をとらえる際は、顔を映さないなどの配慮がされるのが普通だった。

PT-109乗組員とケネディ中尉(右に立っている)、1943 年(実際の写真)

PT-109に乗船するケネディ中尉(実際の写真)

映画『魚雷艇109』の一場面。救助され互いに喜び合うPT109の乗組員たち

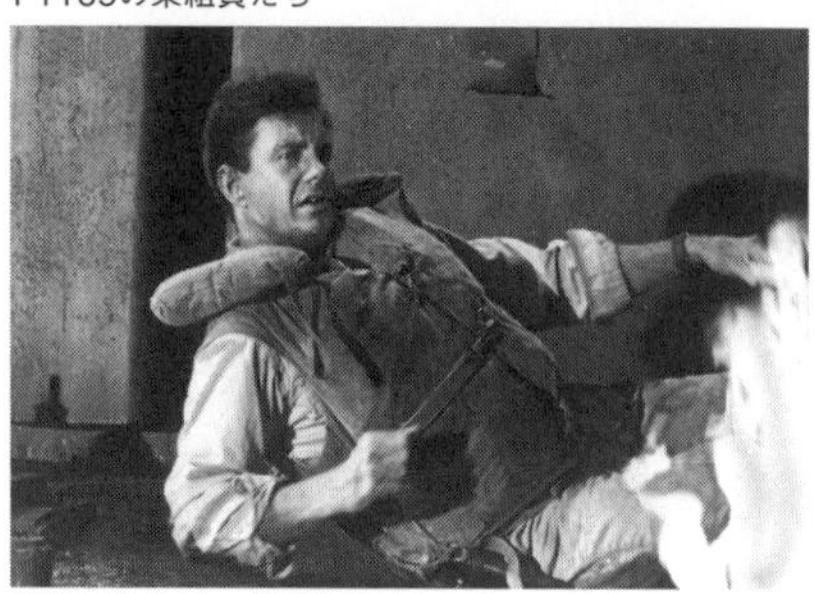

映画でケネディ中尉を演じたクリフ・ロバートソン

『魚雷艇 109』 出典：川喜多映画記念館

それだけ大統領は特別扱いされる権威ある存在だったから、『魚雷艇109』のような映画は、例外中の例外といわねばならない。しかも大統領本人がまだ在職中である。同作品の制作は、ケネディがいかに国民から人気があったかを証明しているといえよう。

本作とは対象的に、合衆国大統領を批判的に映画化した最初の作品が、ニクソンのウォーターゲート事件をドラマ化した『大統領の陰謀』(一九七六)である。が、同作品でもニクソンは、ニュースフィルムでしか画面には映し出されない。多分、この映画の後頃から気軽に大統領をスクリーン上に登場させるようになったのではないか。

但し、ケネディ暗殺直後に『五月の七日間』や『博士の異常な愛情』が、架空の大統領を印象深く描いているのに注目すべきで、これもケネディ大統領の絶大な人気抜きには説明できない現象である。

ケネディ兄弟は反共主義者だった

一九四四年八月、長男のジョーは大量の爆薬を積んだ戦闘機が空中爆発し、イギリス海峡上で戦死してしまう。そのため、父ジョゼフの息子への政治的野心は、次男ジャックに集中することになった。

一九四五年八月、ヨーロッパ訪問を終えたジャックは政界で注目され、「新しい世代のリーダー」のスローガンを掲げて選挙戦に臨み、女性票を中心に圧倒的な人気で、ボストン一一区の下院議員選挙で一位当選を果たした。二八歳で民主党下院議員となったのである。

当時、既に「冷戦」が始まっていたので、ケネディ議員はソ連体制を厳しく批判し、反共主義の立場を鮮明にした。一九五三年、共和党上院議員ジョゼフ・マッカーシーは、上院議員の中に共産主義者や同調者がいないか調査に乗り出した際、ジャックの弟ロバート・ケネディ（ボビー）を、同調査委員会の下級法廷弁護士に任命している。即ち、ジャックとボビーは民主党内の反共主義者として知られていた。

ジョゼフ・マッカーシー

このあたりの事情について、日本の大手マスコミは、ケネディ兄弟を進歩派と報じていたので、意図的に触れてこなかったといえよう。

我が国では、戦後長い間、進歩派と左翼はほぼ同義語だった。が、マッカーシーの赤狩りを批判的に描いたジョージ・クルーニー監督の『グッドナイト&グッドラック』（二〇〇五）の一場面、マッカーシーが黒人女性を「赤狩り」の対象者として追及する記録フィルムでは、マッカーシーと同じ側に座っているロバート・ケネディの姿をはっきりと確認できる。

今ここで「赤狩り」について詳しく触れる余裕はないが、事実は正確に伝えられるべきで、昔も今も、我が国の大手マスコミは常に特定の政治的意図をもって報道している。その点を忘れてはならない。

上院議員時代と知られざる病気との闘い

一九五二年、マサチューセッツ州上院議員の選挙でケネディは勝利した。一般に政治家として注目を浴びるのはこの頃からである。映画『ＪＦＫ』の冒頭、一九六〇年一一月の大統領選でニクソンに勝った時のナレーションでは、上院議員と紹介されているが、これは一九五八年の上院議員選挙で圧勝した後の肩書であるのに注意してもらいたい。

ケネディとジャクリーン・ブービエの結婚式（1953年）

続いて妻のジャクリーンと連れ立って歩くケネディの様子が映し出されるように、彼女との結婚は重要な意味を持っていた。

ジャクリーン・ブービエは大学を卒業してから、フォト・ジャーナリストの職業についていたが、彼女の母親の教えに従い、富裕な男性＝ジョン・F・ケネディとの結婚を受け入れた。二人の結婚パーティはメディアイベントであったともいわれている。

一九五三年、結婚して間もなく、ケネディは幼少期からの背中の病気が再発し、松葉づえを使わないと歩行できない状態になった。一九四七年に診断されたアディソン病が、背中の具合をより悪化させていたのである。それで、一九五四年一〇月に背骨を結合する手術を行ったが昏睡状態に陥り、一時は命まで危ぶまれた。

これらの病状をケネディ家や側近たちはひた隠しにしていたから、病気のことは、ほとんど公にはならなかった。一般に同情報が知られるのは、暗殺後のことではないか。

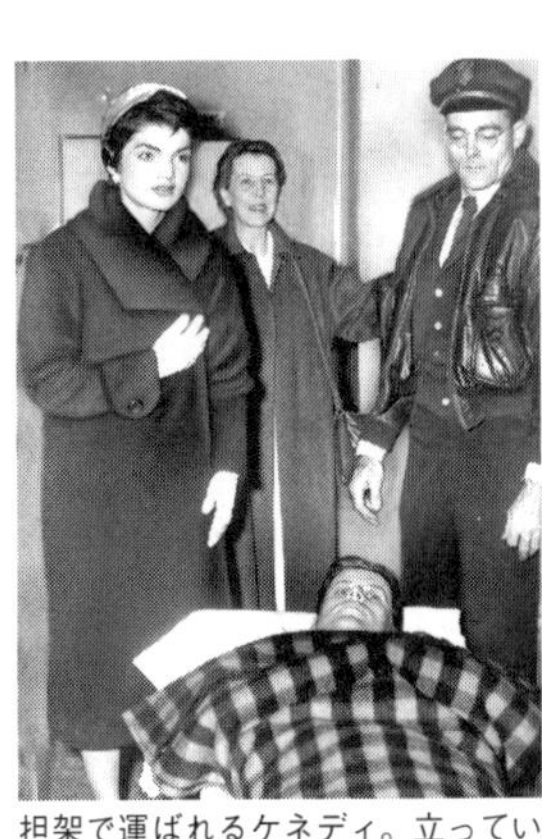
担架で運ばれるケネディ。立っているのは妻、ジャクリーン(1954年)

二〇〇〇年に公開された映画『13デイズ』では、薬を飲み、苦しそうにして歩くケネディ大統領を、俳優のブルース・グリーンウッドが、本人そっくりに演じていたのが印象的である。

アディソン病をはじめ、様々な病気と闘った彼の人生は、ジョン・F・ケネディの長所や短所を語るうえで、避けて通れない重要な事柄である。また、ピューリッツアー賞を受賞したケネディの著書『勇気ある人々』を書きあげたのが、一九五四年の手術後の長期にわたる療養期間だったのも付け加えておこう。

ケネディは大統領選をどのように戦ったか

さて、一九六〇年の大統領選挙でニクソンに勝利したのは既に触れたが、その時の選挙戦がどのようなものだったかを説明する。まず下院議員になった時代から継続している女性の支持率の高さは、今回も絶大な威力を発揮した。困難が予想されたのは、合衆国初のカトリック教徒大統領となるから、多数のプロテスタントの支持が必要だった点だ。が、その問題もプロテスタントとの様々な約束を交わし、なんとかクリアした。

重要なのは、公民権運動の指導者キング牧師が、警察に逮捕された時、ニクソンが助けに動かなかったのに対し、ケネディが救いの手を差し伸べたことである。この対応を機に黒人からの支持が一気に高まった。このように、大統領選挙でのプラス面は多かった。

例外は、父ジョゼフが禁酒法時代、酒の販売でマフィアと深い仲になり、財を成した過去の経歴が、選挙戦で功罪相半ばした事実ではないか。マフィアの集票力が、ニクソンとの接戦で決定的な役割を果たしたことは、後にマイナス面となって響いてくる。なかでも、シカゴマフィアのボス、サム・ジアンカーナとの結びつきは、その代表例で、ジャックは同ボスの情婦ジュディス・キャンベル嬢と不倫関係にあった。

マフィアのボス、サム・ジアンカーナ。ジュディス・キャンベルを経由して、紹介してもらったといわれる

なお、女性スキャンダルについては、後でもう一度触

れるつもりである。

ところで、ニクソンとの選挙戦で、票獲得のための運動や組織の動かし方だけでなく、政治的優位性をどう勝ち得たかも大切といえよう。政治論争や政策論争でのリードをどのように成し遂げたかである。

テレビ時代がケネディを勝利へ導く

まず政治家のキャリアは、ケネディ、ニクソン共、スタートラインは同じで、一九四六年の下院議員選挙で初当選している。

だが、出世は、ニクソンのほうが遥かに早く、一九五二年に上院議員に選ばれてから、すぐにアイゼンハワー大統領の副大統領となり、ケネディは大きく水をあけられていた。しかも、ニクソンは副大統領としてソ連を訪問し、現地でフルシチョフ首相と行った有名な米ソの経済論争（台所論争）により、時の人となっていたのである。

そんな米ソの雪解け時代。一九六〇年五月一六日に開催される米英仏ソの首脳会談を目前にして、和平ムードが盛り上がっていた。ところが、同年五月一日のメーデー当日、アメリカの偵察機U2がソ連領空で撃墜されたせいで、米ソ関係は一挙に冷戦ムードに変わってしまう。

おかげで、アメリカ国内でソ連に強硬な姿勢を堅持してきたジョン・F・ケネディの政治的立場が有利になる。ケネディは一九五八年八月の上院議会で、ソ連の核ミサイルがアメリカの数を上回っていると力説（「ミサイルギャップ演説」）していたので、この撃墜事件はケネディ陣営を勢いづかせた。実際は、ソ連優位のミサイルギャップなど存在しなかったのだが、ケネディは、米ソ関係の悪化の中で、大統領選挙で攻勢的に戦えるチャンスをつかんだ。

アドレー・スティーブンソンの指名推薦演説をするケネディ（1956年、民主党全国大会）

その晴れ舞台が、四回に及ぶテレビでの生中継討論会だった。このような討論会は前例がなく、アイゼンハワー大統領はニクソンに、ケネディからの提案を断るよう助言したが、自信満々のニクソン副大統領は、勝てると思い、この申し出を受けてしまった。

第一回目の討論でテレビに映ったニクソンは、疲れて不機嫌そうに見えた。無精ひげが目立ち、汗も噴き出していたので、印象がひどく悪かったのに比べ、ケネディは年よりも若く見え、討論を楽しんでいるかのようなふるまいが、有利に作用したのである。後の討論会でも、二人のイメージに変化はなく、ケネディが終始リードし、勝敗を決定づけたといえよう。

テレビ映りの良さは、大統領就任式でも、その威力をいかんなく発揮し、国民的人気を高める大切な役割を果たした。本章の冒頭で一部を引用した就任演説は、焦点を外交問題に絞り、十分に準備されていただけに簡潔で分かり易い。四三歳の大統領は、氷点下の中で、寒さをはねのけるように熱弁をふるう。帽子もかぶらず、コートも身に着けず、就任式に臨んだ若い大統領の雄姿は、新時代の指導者の存在感にあふれ、完璧といっていいものだった。

ケネディとニクソンのテレビ大統領討論会（1960年）

トゥナイト・ショーでケネディ上院議員にインタビュー（1959年）

ベトナム戦争と「ケネディ神話」の崩壊

大統領になってからの仕事ぶりは、一九六一年四月のピッグス湾事件での失敗はあったが、その苦い教訓を生かして、一九六二年一〇月の「キューバ危機」では、フルシチョフ首相にキューバへの核ミサイル持ち込みを撤回させ、世界戦争回避のための国際的支持を勝ち取ることができた。が、その分、様々な敵を生み出した。

そして一九六三年一一月二二日にダラスで非業の死を遂げる。以上の政治的事件は、既に重要ポイントを解説しているため、もう繰り返さないが、ケネディの対応が変遷したベトナム戦争については、暗殺の原因となったともいわれ（映画『ＪＦＫ』のＣＩＡ・軍産複合体説）、死後のケネディへの評価とも密接に関係してくるので、その概略だけは説明しておく必要があろう。

ダラスでの悲劇以後、ケネディ政治の功績は、忘れ去られていく。その主な要因は、政権を引き継いだジョンソン大統領の時代に、ベトナム戦争が本格化したことが挙げられる。しかも、ベトナム軍事介入の責任が、一九六一年にジュネーブ協定を無視して、大量の軍事顧問を派遣したケネディにあるとされたので、生前の輝くようなイメージは急速に衰えていった。

アメリカ社会を荒廃させたベトナム戦争のきっかけをつくった最高指導者という汚名は、以後長年にわたって、ケネディ政権時代の素晴らしさ＝「ケネディ神話」を封印する役割を果たしていく。さらに追い打ちをかけたのが、既に触れたマフィアの情婦ジュディス・キャンベル嬢をはじめ、女優マリリン・モンロー等様々な女性とのスキャンダルが発覚したことである。

但し、日本とは異なり、アメリカでのケネディ人気はどん底に落ち込んでしまったわけではない。黒人公民権法の提案を筆頭に、優れた業績に対する高い評価は、今日まで変わらず続いている。我が国の場合、人気の中心が若くハンサムという多分にイメージ的なものだったから、ケネディの知性や政治スタイルは、一部の研究者や支持者を除き十分には理解されなかった。

そのため、ベトナム戦争が激化するにつれて、軍事介入のきっかけをつくったケネディ大統領は、日本のマスコミからタカ派の烙印を押されてしまう。それまでの平和への努力も偽善的なものとみなされ、全否定に近い見方に急変する。

マリリン・モンロー

アメリカでポストベトナム論が盛んになり、ケネディ復権の動きが高揚してからも、我が国のマスコミが黙殺ともいうべき態度をとり続けたのは、そのような背景がある。

映画『JFK』と「ケネディ神話」の復活

とはいえ、アメリカ国内でも、一時は「ケネディ神話」が崩壊したので、その優れた功績は、しばらくの間忘れ去れたままだった。それが米ソ冷戦終結を機に、ケネディ復権の動きが再浮上する。火付け役は、オリヴァー・ストーン監督の映画『JFK』だ。

本作は世界的に大ヒットし、おかげで、映画公開の翌一九九二年に、アメリカ議会で「JFK大統領暗殺記録収集法」が可決し、事件の解明が大幅に進んだ。『JFK』の核心部分ともいえる、暗殺直前ケネディ大統領が、ベトナム駐留軍の撤退命令を出していた事実も、一九九七年一〇月二二日の米軍秘密文書公開で明らかとなった。「ケネディ神話」の封印が徐々に解かれ始めたといえよう。

そんな流れの中で、一九六二年一〇月に起きたキューバ危機の日々を録音した「ケネディテープ」が公開される。同テープは危機の最中開かれたエクスコム（国家安全保障会議執行委員会）での討論を、ケネディ大統領が密かに録音していたもので、三〇年以上にわたって極秘扱いを受けていたが、ようやく一九九六年に国民の知るところとなった。

同テープには、ケネディ大統領が弟のロバート司法長官と連携して、軍部の強硬論を巧みに抑え込んでいく過程が、細部にわたるまで明らかにされている。当時、世界が全面核戦争の危機に瀕していた事実が克明に記録されているので、内容を知って背筋が寒くなる人もいるに違いない。

二〇〇〇年には、「ケネディテープ」をベースに、キューバ危機をリアルに再現した政治サスペンス映画『13デイズ』が公開され、アメリカではケネディ人気が再び高まり始める。

キューバ海上封鎖宣言に署名するケネディ大統領

偉大なアメリカを望む国民の思い

一方、我が国では、暗殺事件後ケネディ政権を引き継いだジョンソン政権が、一九六四年に「トンキン湾事件」を起こし、ベトナム戦争をエスカレーションさせた歴史だけが、マスコミ等を通じ定着しているため、ケネディ大統領に対する好戦的イメージは未だに強く、前述したケネディタカ派論が一般国民に浸透したまま、今日に至っている。

それには、一九六〇～一九七〇年代の日本左翼運動高揚期が大きく影響しているのに注意すべきだ。ケネディ暗殺について調べようとして書店に行っても、まずケネディ関係の本が少ないことに気づくだろう。なんとかケネディに関する本を見つけても、そのネガティヴな人物評価に驚くかもしれない。我が国では、左翼全盛時代のイデオロギーが、大学やマスコミでは依然生き続けている。

さて、話を元へ戻そう。アメリカでの「ケネディ神話」の崩壊には、セックススキャンダルが影響したのは既に触れたが、それ以外、ケネディ一族の不幸についても、マスコミがスキャンダラスに取り上げたことも忘れてはならない。ケネディ家のマイナス面なら、何でも飛びつくという風潮がかつてのマスコミ報道にはあった。もっとも、これはケネディに限らず、有名人の誰にもあてはまることだが。

まず、ロバート・ケネディが、一九六八年の大統領選の民主党予備選を戦っている最中、ロサンゼルスのアンバサダーホテル内で銃撃によって殺害された。

犯人は、パレスチナ移民サーハン・ベシャラ・サーハンという若い男だった。同年には、公民権運動の指導者マーチン・ルーサーキング牧師も暗殺されているため、ケネディ大統領と同じく陰謀説は当然あるが、本題からそれるのでここでは言及しない。

ロバート・ケネディ（右）とキング牧師

ロバートの暗殺事件に続き、翌年の七月、四男のエドワード・ケネディの運転していた車が海に転落。同乗していた女性スタッフとのスキャンダル発覚を恐れたエドワードは、なんと事故現場から逃走してしまう。その後、女性が死亡したので、同事故は一大スキャンダルとして報道され、彼の政治家としての地位は著しく失墜した。事実、一九八〇年の大統領選に奮起して挑戦したが、民主党の指名を獲得できなかった一因が、一九六九年の同事件にあったのは間違いない。

ケネディ家の不幸な出来事は、前述した暗殺やスキャンダルだけに限らず、一般的な事故死でさえ、「ケネディ神話」崩壊と結びつけられた。典型的なのは、ケネディ大統領の息子ジョン（一般にはＪＦＫジュニアと称される）が、一九九九年に操縦していた小型機が墜落して死亡した事故まで、ケネディ家の没落と関連づけられ、マスコミの一部は「ケネディ家の呪い」とセンセーショナルに報じたのである。

アメリカ合衆国は、建国当初から共和制だったので、国王や皇帝に類するものが存在した歴史が全くない。そのため、君主国家に対して屈折した憧れがあって、ケネディが大統領職にある期間を「キャメロットの時代」と、あたかも王が君臨したかのように呼んだ。「キャメロット」とは、ケルト人の伝説、アーサー王の宮廷のあった町の名前である。同名称がつけられたのは、ケネディは王のように国民から親しまれ、尊敬されていたからともいえるが、それだけ死後の揺り戻しも強かったといえよう。

だが、一方でケネディ時代の再来を望む声も多い。トランプ前大統領について、我が国のマスコミは、アメリカ民主党系の大マスコミの一方的な情報ばかりを流しているため、日本人の多くは彼に悪いイメージしか持っていないが、そのほとんどは嘘といっていい。トランプの掲げるスローガン「Make America Great Again＝アメリカを再び偉大な国にする」は、一九八〇年の大統領選でロナルド・レーガンが使ったスローガンだ。その意味するところは、レーガン大統領をも含む、ケネディやアイゼンハワーの時代のようなアメリカに戻りたいという願いがある。

ロバート・F・ケネディ・ジュニアと叔父のJFK（1961年）

民主党全国委員会から手ひどい選挙妨害を受けて、ついに民主党をやめ、無所属で二〇二四年の大統領選挙に立候補したケネディ大統領の甥ロバート・ケネディJRも、「今の民主党は、自分の父（ロバート・ケネディ）や叔父（ジョン・F・ケネディ）がいた当時とは、全く異なる勢力に乗っ取られた」と証言している。このロバート・ケネディJRに対しても、民主党系マスコミは、「陰謀論者」のレッテルを貼り、攻撃し続けている。

ロバート・ケネディ・ジュニア

そのやり口は、トランプ大統領を批判・攻撃した時と全く同じで、事実に基づかない一方的なものだ。そもそも、ケネディ暗殺が「陰謀論」の起こりともいわれているから、いくらレッテル貼りをしても無駄である。

ところで「陰謀論」という言葉は、現在やたらと使用され、その意味をめぐり論争の種にもなっているので、次章で同問題の歴史や役割について詳述していこう。

第4章 陰謀論について

振り返る、松本清張の「米情報機関陰謀説」

さて、ここでケネディ暗殺の問題とはやや離れ、現在盛んに否定的な意味合いで使われている「陰謀論」について、私の見解を述べておきたい。というのも、近年、ある出来事に隠された真相を探っていこうとすると、「それは陰謀論だ」と議論をストップさせてしまう風潮が蔓延しているからで、現在その言は、物事の裏に隠された真実を明らかにしようとする探求心や思考力を停止させる呪文のような役割を果たしている。

かつては推理小説作家松本清張の『日本の黒い霧』（文春文庫）に代表される政治・社会的事件の背後にある秘密の暴露は、一般に歓迎されていた。無論、清張のごとく権力犯罪であれば、なんでもアメリカ情報機関がらみの謀略と結び付ける論法は、今日では通用しない。陰謀論を否定する人々も、清張が世に広げた間違った風潮が、未だに影響を与えている弊害を問題にしているといえよう。

確かに、我が国では一九四〇年代末から一九八〇年代まで左翼勢力の力が強く、共産党流のアメリカによる謀略説が世論の支持を受けたのも事実。また一九八九年から一九九一年にかけてソ連を中心とする社会主義体制が崩壊し、世界の政治情勢が激変した現在に至っても、日本マスコミの主流＝左翼・リベラル派が当時の誤った認識から抜け出せずにいるのも十分承知している。

が、その事については、松川事件の当時者をはじめ、様々な立場の戦後史研究者から有力な反論が寄せられ、アメリカ情報機関謀略説がかつてのような説得力を持てなくなった現状に留意すべきだ。

私が清張説への疑問を深めたのは個人的な体験からである。映画『海を見ていた』（二〇〇一）制作以後に親しくなり、話す機会の多かった熊井啓監督と、『日本の熱い日々 謀殺・下山事件』（一九八一）等の社会派作品について議論している際、同監督が「清張は実証研究を疎かにしている」と厳しく批判したのがきっかけといっていい。

当時、私は熊井啓の傑作『日本列島』（一九六五）が、吉原公一郎の原作と知りながら、「本作は松本清張の『日本の黒い霧』も参考にしているのですか」と不用意な質問をしてしまった。その時、監督は怒ったように「そんなことは全くない」と答え、むしろ清張の考えを批判し、前述の言となったわけである。

熊井の意外な反応に驚いたのを鮮明に思い出すが、それは実証的な検証がない推理は、物事の裏に隠された真実を明らかにできないばかりか、真相に迫るうえで有害な役割を果たすとの警告だった。ＧＨＱ占領下で起きた謀略事件に鋭く切り込んだ社会派映画を制作した熊井監督は、陰謀論の持つ危険な側面を誰よりも深く理解していた。

だからこそ、戦後に起きた謀略事件の裏にある真相に迫る優れた作品群を世に送り出すことができたのであって、それは現在のように陰謀論一般を否定する流れとは全く逆のものである。

そもそも暗殺事件については、第一次世界大戦の発端となった一九一四年サラエボでの、オーストリア皇太子夫妻暗殺をはじめ、歴史に残る大事件がいくつも起きているが、いずれも直接殺害した犯人のほかに実行犯がいた場合がほとんど。一九〇九年ハルピンで殺された伊藤博文の場合も、その時逮捕された安重根（あんじゅうこん）以外に犯人がいたとの複数説が主張された。この種の暗殺論は古今東西数えきれない。

下山総裁を轢（ひ）いた機関車 D51 と捜査員

国際的暗殺の起源＝共産党権力の確立

近年では北朝鮮の金正恩の兄金正男(キムジョンナム)が、マレーシアのクアラルンプール国際空港で、サリン攻撃で殺された事件（二〇一七年）に代表されるように、犯人グループ（この時は北朝鮮工作員たちがベトナムとマレーシアの女性二人を騙して殺害させた動画が公開された）の素性や顔の映像まで公となるケースが増えている。

金正男殺害の驚嘆すべき手口を見ても分かるように、謀略による国際的暗殺は、共産党が国家権力を掌握し、秘密警察による支配体制を確立（ソビエト連邦の成立）してから本格的にスタートしたのを思い返すべきだろう。

レオン・トロツキー

その劇的な始まりは、一九四〇年のレオン・トロツキー殺害である。ヨシフ・スターリンは、ソ連の最高権力を手にするため、共産党内の競争相手を次々と粛清し抹殺していったが、レーニンと共にロシア革命の英雄として国の内外で権威をもっていた最大の政敵トロツキーは、既に国外へ脱出しメキシコに亡命していた。そこで、スターリンはわざわざ刺客を現地に送り込み、暗殺を決行したのである。同事件も映画化され、トロツキーを名優リチャード・バートン、刺客を二枚目スター、アラン・ドロンが演じ、公開当時大変な話題となった。映画の題名は『暗殺者のメロディ』(一九七二)。

ヨシフ・スターリン

実を言えば、ソ連共産党の同種の犯行は、一九四六年に始まる東西冷戦時代、完全にシステム化していたわけで、第一章で書いた英国紙『ガーディアン』のハーディング記者による説明が分かり易いので、もう一度ページをめくって読み返してもらいたい。

ソ連情報機関の中で暗殺・テロを担当していたのはKGBで、ケネディ大統領暗殺の際、メキシコにあるソ連大使館を拠点に暗躍していたのもKGB第一三課の工作員コスティコフだったのは、既に詳しく解説した。

二〇二二年の二月二四日に始まったロシアのウクライナ侵略を機会に、再び話題になり始めたプーチン政権による暗殺の謀略史にも注目すべきだろう。例えば、プーチン大統領批判を続けていた有名な女性ジャーナリストや有力な野党政治家が殺されただけでなく、イギリスへ亡命した元FSB（ロシア国家保安局）の幹部リトビネンコが、放射性物質ポロニウム210で殺されるという、とんでもない事件までイギリス国内で発生している。

それ以外にも、二〇一八年のナワリヌイ暗殺未遂事件をはじめ、あげ出したらキリがないほどだ。同暗殺未遂事件の詳細な経過は、ドキュメンタリー映画『ナワリヌイ』（二〇二二）が、我が国でも公開されているから、ご存じの人もいるに違いない。以上、ロシア政府の犯行と疑われている国内外のテロは、プーチン大統領がソ連のKGB時代に身につけた敵対者への対処方法と見るべきである

アレクセイ・ナワリヌイ

即ち、共産党独裁体制の柱ともいえる秘密警察によるテロ支配の手法が、今日のロシアの謀略工作を生み出しているといえよう。中国や北朝鮮については、世界を震撼させた白昼の国際空港での金正男暗殺、ウイグル族への日常的なテロ、香港反体制活動家の不審死多発を列記すれば、もうそれだけで共産国の実態説明は十分である。

勿論、欧米の情報機関（ＣＩＡやＭＩ６等）も謀略を行っている。ＣＩＡのカストロ暗殺計画は本書でも触れているが、我が国を含む民主主義諸国では、議会制や司法制度が確立し、権力が分立しているため行政府をはじめ、一部権力者の暴走をチェックする機能が整っているのに加え、国民の中で言論の自由等の人権意識が高く、ソ連、中国、北朝鮮等共産主義国やロシア等権威主義諸国のように、政府が暗殺や謀略を恒常的に行うことはできない。これは極めて単純な理屈だ。

その点注意を要するのは、これまで日米の大手マスコミがＣＩＡの暗殺や違法行為を盛んに報道してきたのは、民主国家として権力の暴走をチェックする意味も当然あったが、どちらかといえば、共産国の実態を隠蔽し、欧米諸国と相対化しようとする共産側プロパガンダに乗せられた側面のほうが強い。どっちもどっちという観点は、共産党独裁に圧倒的有利に働く。

本書でもＣＩＡや軍産複合体の危険性について分析しているが、共産国の場合は危険性を遥かに超えた、革命権力の宿命・本質というべき暴力支配やテロリズム容認思想の問題といわねばならない。今、世界は香港の民主主義が中国共産党の謀略や凄まじい暴力によって圧殺されていく姿を、『デニス・ホー　ビカミング・ザ・ソング』（二〇二〇）『時代革命』（二〇二一）

等のドキュメンタリー映画やテレビ報道等を通して、目撃している。おかげで、彼らのプロパガンダに以前ほど容易(たやす)く騙されなくなった。

だが、アンドロポフ時代から強化されたソ連共産党によるニセ情報拡散手法を継承し、日本や欧米の国民を思い通りの方向へ引き込もうとしている共産主義勢力の情報操作を絶えず警戒しなければならない。してみると、近年の陰謀論否定の風潮も、中国や北朝鮮などが意図的に流している可能性が高い。謀略国家にとって、同風潮は好都合だからである。

陰謀論のもう一つの重要な役割

そこで、もう一つ陰謀論が持つ今日の重要な役割に言及しておく。我が国の歪められた近・現代史を是正するために、同理論がいい意味で影響を与えている。

例えば、「日本の真珠湾攻撃は、ルーズベルト大統領の陰謀だった」に代表される問題提起は、白か黒か単純に割り切れないとはいえ、日米戦争史を再考するうえで、貴重な意味を持っている。大東亜戦争後、我が国の歴史教育では、日本軍の真珠湾奇襲攻撃は、宣戦布告なき戦争で、それがアメリカの怒りを買い、「リメンバー・パールハーバー」の合言葉の下にアメリカ国民の戦意を高揚させ、団結させたと教えられてきた。

ところが、いざ世界の戦争史を紐解いてみると、第二次世界大戦以前の戦争（日露戦争等）は、宣戦布告をせず戦端を開くほうがむしろ普通だった。戦後でも一九五〇年、北朝鮮軍の奇襲攻撃によって始まった朝鮮戦争も、無論宣戦布告などしていない。一八八九年の米西戦争は、スペインを戦争に引き込むため、アメリカの軍艦メイン号爆破事件が利用されたのも有名な話で、同軍艦爆破がアメリカの謀略だったという有力な説もあるほどだ。なお、第二次世界大戦後戦争が違法化されたので、宣戦布告に代わるものとして「国連安保理決議」が使われている現状は知っておくべきである。

フランクリン・ルーズベルト

フランクリン・ルーズベルトは、「欧州の戦争には介入しない」を大統領選挙の公約に掲げて当選したので、一九三九年九月から始まった第二次世界大戦に自ら参戦するわけにいかなかった。そのため友邦国イギリスの参戦要請に応えられず苦慮していたが、ナチスドイツと同盟関係にあった日本がアメリカに戦争を仕掛ければ、大統領を悩ましていた難問は一挙に解決する。

つまり、一九四一年八月、アメリカが石油輸出を全面禁止する等厳しい制裁を日本に科し、圧力をかけ追い込んだのは開戦へ向けた策略だった。実際、アメリカが同制裁を決めた席上でルーズベルト大統領は「これで日本はオランダ領に向かうだろう。それは太平洋での戦争を意味する」とその目的をあからさまに発言している。

さらには、当時のアメリカ政権内に潜入していたソ連のスパイたちが日本を追いつめるうえで重要な役割を果たした。日米交渉上の最後通牒ともいわれている「ハル・ノート」もその一つで、同ノート草案を書いたハリー・ホワイト財務補佐官が、近年公表された「ヴエノナ」文書によって、ソ連のスパイだったことが改めて証明されている。

ハリー・デクスター・ホワイト

ソ連は一九四一年六月からドイツと戦っていたため、ドイツ軍と日本軍の挟み撃ちを恐れ、日本軍の進路を北方から南方へ向ける工作を行っていた。ソ連赤軍諜報部「GRU」所属のゾルゲが、ドイツの特派員を装い我が国の極秘情報（近衛内閣の北進か南進かの議論等）を、ソ連に伝えていたスパ

リヒャルト・ゾルゲ

イ事件はよくご存じだろう。結局、日本は真珠湾攻撃に踏み切って南進政策を選択、事態はソ連の思惑通りとなった。

日本軍による真珠湾攻撃について知っていたことや事前の対応に様々な歴史解釈の違いがあるとはいえ、ルーズベルトが、日米間の戦端を開く方向へ舵を切り、第二次世界大戦への参戦を目指していた事実に異論をはさむ余地はなく、それまで「陰謀論」と退けるわけにはいかない。

「真珠湾に米空母がいなかったのは、奇襲攻撃を事前に知っていたから」という極端な意見は別として、ルーズベルトが日本を開戦に踏み切らせるために、あらゆる手立てを尽くしたのは疑いない。

歴史の見直しと関わる同種の見解には、若い世代に人気のあるロスチャイルド家やロックフェラー家が世界史を動かしてきたといった歴史研究に基づくものから、ユダヤ陰謀論をはじめ、荒唐無稽なものまで様々存在する。

注意すべきは、武漢ウイルスによるパンデミック、ロシアのウクライナ侵略等、今までの常識では、説明のつかない出来事が次々と起こっているため、以前なら一笑に付されたような陰謀論までが、広まる状況であることを理解しなければならない。

今日、誤った理論や世界認識を退けるためには、事実に基づく検証と議論が最も大切で、「陰謀論」一般を否定してもなんのプラスにもならない。むしろ弊害のほうが大きい。

これまで論証してきたように、現代史において陰謀や謀略を行ってきた主流派は、国際共産主義勢力とそれに連なる組織や個人である。現在、その中心が中国と北朝鮮であるのは言うまでもなく、同謀略国家が「陰謀論」否定の風潮をつくり出している可能性については既に言及した。

陰謀論が果たす現代的な意味、国際共産主義の陰謀を暴く

以上の分析に立つならば、「ケネディ大統領を殺したのは宇宙人である」とか「人類は月に行っていない」等のトンデモ陰謀論を除き、同種の議論は、むしろ歓迎すべきである。現在世界を揺るがしている様々な出来事の裏にある真実を探求していけば、その多くが中国共産党を筆頭とする国際共産主義の謀略と結びついているのがはっきりするのではないか。

ケネディ大統領暗殺の機密文書が解禁され、事件の背後でキューバ・ソ連の工作が行われていたのが、新たな証拠によって証明されたことは、現在の世界情勢を正確に認識するうえで極めて示唆的である。事件発生の当初からアメリカ国民の中で渦巻いていた、オズワルドは単独犯でなく、背後にソ連や共産主義者がいるといったごく自然な解釈が、六〇年の歳月を経てようやく公に承認された。

また、これまでの紆余曲折も決して無駄でなく、真相隠蔽に手を貸してきたアメリカ国内の勢力（ＣＩＡ、軍産複合体、多国籍企業＝現在はビッグテック［グーグル、アマゾン、アップル、メタ、マイクロソフト］、民主党系大手マスコミ等）が、ケネディ暗殺論争史を経てその正体が浮き彫りにされた意味も大きい。

現在のバイデン政権は、アメリカ国民の反中国世論に押され、表向きは中国に対する強硬姿勢を装っているが、環境問題等で中国共産党との協力関係にあり、台湾侵攻にどう対応するかを含め、自由社会を守る立場は限りなく不透明と言わざるを得ない。

そもそもバイデン大統領は、習近平主席と個人的に極めて親しい間柄。また息子のハンター・バイデンが巨額の金を中国企業からもらっていたという闇の結びつきも暴露される等、父親のバイデンは、ケネディ暗殺の真相を隠蔽したジョンソン大統領以上に怪しい人物だ。

二〇二四年の大統領選挙を目指し、バイデン民主党政権は、トランプ元大統領への攻撃を益々エスカレートさせている。二〇二二年の八月初めに行われた、トランプの私邸（マ・ア・ラーゴ）に対するFBIを使った強制捜査はその最たるものといえよう。

歴史上かつてない元大統領に対する強権発動は、現在のアメリカ民主党政権が共産国や開発途上国の独裁政権と変わらない反民主主義の立場へ移行しつつあるのを如実に示している。バイデン政権下の民主党のごとく不正と疑われる選挙を何度も繰り返し、民主主義制度を危険水域まで追いやった政権政党はこれまで合衆国には存在しなかった。

習近平

同情勢下において、中国共産党を中心とする国際共産主義の陰謀を暴くことが急務となっている。その際、我が国の大手マスコミをはじめ、SNS等様々な情報網を同勢力が操作しているのを肝に銘ずべきで、騙されないためには一人ひとりが賢くなるしかない。そのためには日本の歴史に精通し、世界の政治情勢や歴史を深く学ぶ必要がある。くれぐれも安直な陰謀史観に踊らされないでもらいたい。

Congr… …nal R…

…OCEEDINGS AND … 88th CONGR…

…ASHINGTON, … …EMBER 25, …

…e Senate met at 12 o'clock
was called to order by the
tempore.

…NDMENT OF SENATE
…ND CONGRESSIONAL R…

…. METCALF. Mr. Pres…
…en and tragic death of the
…e United States since the
…t of the Senate on Friday
…ghly important and desi…
…in action should be tak…
…te prior to 12 o'clock noo…
…our to which the Senate
…urned.
…at action, with which Se…
…liar, was taken at an unoff…
…f Members of the Senate
majority leader and the
…r for 10 o'clock a.m.,
… that such proceedings m…
legal effect, I submit the
…imous-consent request; …
…at the Senate Journal an…
…ent edition of the Con…
…RD, respectively, for Frida…
22, 1963, with respect to
motion for adjournment …
November 25, 1963, at
…, be amended, at the a…
…s, therein, to provide th…

…nal meeting of S…
… majority leader, th…
…tana [Mr. Mansfie…
… leader, the Senat…
Dirksen], was he…
…in connection with …
… funeral ceremonie…
…t of the United Stat…

…ng was called to …
…t pro tempore.
…lain, Rev. Frederick
…., offered the …

…e living and of th…
this hour we bow
… people's grief, Th…
…bing of a stricken
with the comfort th…
…t is in the darkn…
…ness and the light
….
…ewardship in the …
…s of the young and
has fallen at his
to Thee, the Mast…
…en. In the profile
…, and of faith whi…
…etched upon the …
agitated times, in
… leadership, we be…
… America which a…

第5章

関連する政治・社会派映画

朝鮮戦争映画から「赤の恐怖」へ

これまで詳述したケネディ関連映画に加え、もう少し幅を広げて映画批評を捕捉しよう。実をいえば、これまで取り上げた作品には関連した映画がいくつもあって、同種作品の分析は、問題の背景を掘り下げるうえで極めて有効である。

まず、第一章で触れたケネディ暗殺を背景とした初期作品、ジョン・フランケンハイマー監督の『影なき狙撃者』(一九六二)と『五月の七日間』(一九六四)は、アメリカがまだ国力の圧倒的優位性を謳歌していた時代の映画。『五月の七日間』はダラスでの悲劇後に完成したとはいえ、ラストの合衆国大統領(フレドリック・マーチ)演説が象徴するように、民主政治への確信は揺るぎなく、余裕さえ感じられる。また同じ頃に制作された『未知への飛行』(一九六一)や『博士の異常な愛情』(一九六四)等でお分かりと思うが、当時は一九四六年から始まった東西冷戦が、全面核戦争の瀬戸際までいった時代。米ソの軍事対決は一九六二年一〇月のキューバ危機で最高潮に達したわけだが、当時のアメリカは、他国を凌駕する軍事力、経済力を背景に、大統領制に基づく民主主義体制に自信を深めていた半面、ソ連を中心とする共産主義勢力に言い知れぬ脅威を抱いていた。一九五〇年代、アメリカ国内を騒然とさせたいわゆる「赤の恐怖」である。同社会風潮を一挙に強めたのが、一九五〇年六月、北朝鮮が突然北緯三八度線を越え、韓国へ侵攻した朝鮮戦争だった。当初、北朝鮮軍はソ連製のT34戦車を先頭にして、一気に韓国全土を支配下に置くかに見えたが、米軍を中心とする国連軍は朝鮮半島南端の釜山（プサン）で踏ん張り、同地を拠点に反攻に転じ、北朝鮮軍の侵攻から約三ヶ月後、仁川（インチョン）上陸作戦の成功で形勢を逆転する。その後国連軍が逆に、北緯三八度線を突破し北上を続け、中国の国境線に迫ったが、今度は中国が北朝鮮を支援して、人民義勇軍を大量に送り込んできたため、再び国連軍は苦戦を強（し）いられた。

一九五〇年代に数多く制作されたハリウッドの朝鮮戦争映画には、アメリカ兵たちを震え上がらせた共産軍の猛攻ぶりが映像化されている。ロバート・ライアン主演の『最前線』（一九五七）で、音もなく忍び寄ってくる北朝鮮兵の不気味な姿は、あたかも西部劇に登場するアパッチ族やコマンチ族等を連想させるが、これは同作品が、西部劇の名匠アンソニー・マン監督によるものだからに違いない。

中国人民義勇軍はラッパを吹きならし、攻撃を仕掛けてくる。中国軍は戦車等の重火器はなく、機関銃やせいぜい迫撃砲ぐらいしか所持していなかったが、人海戦術や待ち伏せなどによって

『最前線』で指揮官の将校を演じたロバート・ライアン

北朝鮮軍と戦う米軍兵たち。真ん中で下を向いているように見えるのは、1960年代のテレビシリーズ『コンバット』のサンダース軍曹役で知られるヴィック・モロー。本作での出演が『コンバット』に影響を与えた

『最前線』 出典：川喜多映画記念館

国連軍を混乱に陥れ、大打撃を与えた。ラッパを吹きならすのも、恐怖心を煽る戦術だったといえよう。

ウィリアム・ウェルマン監督、グレゴリー・ペック主演の『勝利なき戦い』（一九五八）では、大勢の中国兵との戦闘がスペクタクル巨編として映像化されていたのが印象的である。米軍将兵たちは、どんなに撃ち殺しても次から次へ突撃を繰り返す中国軍を、ホラー映画に出てくるゾンビのように感じていたのではないか。その恐ろしい戦場の有り様は、帰還兵の体験談を通してすぐさまアメリカ国内に伝えられた。

ところで、財務補佐官ハリー・ホワイトや国務省のアルジャー・ヒス等、合衆国政府中枢の

政治家や官僚が非米活動委員会に呼び出され、ソ連スパイや共産主義者の疑いで追及されたのは、一九四八年だから、朝鮮戦争以前の出来事。「ハリウッドの赤狩り」にいたっては、さらに早く一九四七年に始まっている。

しかし、アメリカ国内で「赤の恐怖」が本格化するのは、やはり、一九五〇年六月の北朝鮮軍による韓国侵攻以降というべきだろう。ほかにも、一九四九年のソ連による核実験成功等、いろいろと起源は挙げられるが、実際に共産軍と戦った米兵が直接体験した恐るべき実態、津波のように押し寄せてくる中国軍や音もなく忍び寄ってくる北朝鮮軍の薄気味悪い有様こそ、「赤の恐怖」の源と考えるのが自然である。

赤狩りを推進したジョゼフ・マッカーシー上院議員の手法や、非米活動委員会によって無実の人々が貶められた当時のマスヒステリー状態は、当然非難されるべきだ。他方でハリー・ホワイト、それに原爆の機密をソ連に渡した罪で死刑となった科学者ローゼンバーグ夫妻などは、赤狩り時代マス

怒涛のごとく押し寄せる中国軍と戦う指揮官役のグレゴリー・ペック

『勝利なき戦い』　出典：川喜多映画記念館

アルジャー・ヒス

逮捕されたローゼンバーグ夫妻

コミが冤罪と声高に主張していたにもかかわらず、結局ソ連スパイだったのが動かぬ証拠（「ヴェノナ文書」等）によって証明された。

以上、歴史の教訓に謙虚に学ぶべきで、とりわけ、中国共産党による他国への侵略が、盛んに行われている今だけに、国際共産主義勢力のプロパガンダやサイレントインベージョンの現実を直視し、その観点から過去の「赤狩り」や「赤の恐怖」を振り返ることが肝要である。

時代を映し出したB級SF侵略映画

そこで朝鮮戦争と同じころ、多くのアメリカ人が劇場やドライブ・イン・シアターで観ていた宇宙人侵略映画の社会的意味についても考えてみたい。同ジャンルをたわいのないB級SFモンスター作品とだけ見るのは間違いで、制作側の政治的メッセージを読み解けば、当時アメリカ社会に広がっていた共産主義に対する恐怖心や、危機感を隠喩（いんゆ）として映像化していたのがはっきり分かるはずだ。いつの時代でも、エンターテイメント作品には、時代の様相が直截に反映している。

　朝鮮戦争が停戦となった一九五三年の七月に完成し、我が国でも同年九月にロードショー公開され人気を博した『宇宙戦争』（一九五三）は、一九世紀末に書かれたH・G・ウェルズのSF小説を映画化したもので、二〇〇五年にスティーブン・スピルバーグ監督がトム・クルーズ主演でリメイク版を制作しているから、同作品をご存じの人も多いのではないか。

宇宙船からの熱線が人間を殺し、建物を破壊するシーン。第二次世界大戦で瓦礫の山となった都市の姿が二重写しとなる『宇宙戦争』　出典：川喜多映画記念館

　原作の時代背景を考えれば、二〇世紀末のイギリスを筆頭とする欧米諸国による植

民地獲得競争や武力衝突、即ち我が国の日清・日露戦争を含む、第一次世界大戦へ向かう世界戦争の時代を予見した近未来SF小説である。本作は世界大戦や戦争の時代と絡めて分析したほうがより内容理解は深まるとはいえ、一九五三年版が朝鮮戦争時に制作され、共産主義の脅威を背景としているのは間違いない。

続いて我が国で一般に知られていないSFスリラーを取り上げる。日本では劇場未公開だが、テレビで繰り返し放映され、DVDも販売されている『ボディ・スナッチャー／恐怖の街』（一九五六）。本作はクリント・イーストウッドの出世作『ダーティハリー』（一九七二）の監督で知られるドン・シーゲルが制作しただけに、映画ファンの評価は極めて高い。

物語は、サンタ・ミラという田舎町に、主人公の若い精神科医師（ケヴィン・マッカーシー）が久しぶりに帰郷し、街の異変に気づく場面から始まる。実の母親を「本当の母親ではない。偽物だ」と泣きながら訴える少年、「見た目は叔父そっくりだが、絶対に偽物だ」と言い張る女性など、当初患者たちのパラノイア症候群だと判断していた若い医師は、調べていくうちに自分の診断が誤りと気づく。しかし、時すでに遅く、町民はエイリアン（宇宙人）と入れ替わっていた。

主人公は自宅の庭にある温室の中で育ったさやえんどう型の化け物植物の中から、自分や恋人によく似た未完成の人間が飛び出して来るのを目撃する。さらには、友人たちそっくりの偽物から「我々は宇宙から来て、人間と入れ替わる。そうすれば感情もなくなり、これまでのように余計な悩みもなくなる。仲間になれ」と告げられ、恐怖にかられた主人公は、恋人を連れサンタ・ミラの町から脱出を図る。親しい相手が別人のようになり、豊かな感情を失い、突然何かにとりつかれた人物へと変貌してしまう。エイリアンに身体を乗っ取られる描写は、当時共産主義を信じた人々が、人格まで変わり、意味不明な言動を取り始める様子を想起させた。

朝鮮戦争停戦時に制作・公開された『惑星アドベンチャー／スペース・モンスター襲来！』（一九五三）は、行方不明となった人々が首筋に小さな機械を埋め込まれ、エイリアンにロボットのように操られるSF侵略もの。主役である少年の両親が感情を失い、無表情となる変貌ぶりが描かれている。前者は『SF／ボディ・スナッチャー』（一九七八）後者は『スペースインベーダー』

リメイク版『ボディ・スナッチャー』には写真のような人の顔をした犬等、気味の悪いシーンが多い

『SF／ボディ・スナッチャー』
出典：川喜多映画記念館

普通の人間が一瞬で異様な顔つきに変貌する恐ろしいシーンだが、オリジナル版では普通の人間の行動が恐怖を生み出した。制作された時代状況の違いに注目してもらいたい

『SF／ボディ・スナッチャー』
出典：川喜多映画記念館

（一九八六）というタイトルでリメイク版が一九七〇年代、一九八〇年代に制作されているが、時代の雰囲気が異なるので、同じ物語を再現しても恐怖感は一向に盛り上がらない。いくら特撮レベルが進歩してもダメだ。

両作品ともオリジナル版がＳＦ侵略スリラーとして成立していたのは、一九五〇～一九五三年の朝鮮戦争の影響で「赤の恐怖」がアメリカ全土に広まり、国民が共産主義の工作を身近に感じていたからといえよう。

米ソ冷戦が激化し、核戦争にまでエスカレートするのではないか。そんな危機意識が共産主義への言い知れぬ恐怖感と相まって増幅されていた。つまりエイリアンに身体を乗っ取られたり、操られたりする不気味さは、アメリカ社会のリアルな一面を映し出していたわけである。

実際当時、ソ連のスパイ組織が様々な方法でアメリカ国内に潜入し、アメリカ共産党や左翼に多大な影響を与えていた。

実をいえば、共産主義が合衆国にそれだけ身近な存在となったのは、少し前の第二次世界大戦をめぐる世界情勢に大きな原因があり、共産主義浸透問題を正確に理解するためには、大戦前からの近現代史を紐解く必要があろう。

ファシズムと国際共産主義の恐怖

一九三九年のポーランド侵攻によって、第二次世界大戦を始めたアドルフ・ヒトラーをチャールズ・チャップリンが、いち早く批判した『チャップリンの独裁者』（一九四〇）は一般にもよく知られている。映画制作時、アメリカはまだナチスドイツと交戦状態にはなかったが、同作品に象徴されるヒトラーに対する警戒心が高まり、ナチズムやファシズム批判作品が映画界良識派の支持を集めていた。一九三三年のナチス政権樹立を突破口に、世界中でヒトラーと結ぶ全体主義勢力が台頭。

イギリスやフランスでもファシズム政党が勢いを増し、両国の政府もドイツの侵略行為や武力による威嚇に追従する宥和（ゆうわ）政策へ舵を切り、『チャップリンの独裁者』上映が危ぶまれる事態さえ生じていた。アメリカ国内でも、ドイツ系移民を中心に結成されたナチス党によって、チャップリンの同作品制作に対し妨害が相次いだという。

以上に書いた時代の様相が、現在の世界や日本の国内情勢と益々似てきたと感じる人が少なくないのではないか。我が国の場合、一九七二年の日中国交回復以来、中国共産党の影響力が与野党の政治家、大学の教員、大手マスコミ、それに文化人と称する人々を核に浸透し、鄧小平（とうしょうへい）の改革開放路線後は財界、官僚等を含む政府中枢へと進行し、今では日本社会の広範囲にまで及んでいる。今日、全体主義といえば、中国共産党を中心とする国際共産主義勢力だが、第二次世界大戦前夜は、ナチス党やファシスト党だった。

全権委任法成立後に演説を行うヒトラー（1933年3月）

一九三〇年代はヒトラーの独裁体制がヨーロッパの平和を脅かし、ナチズムやファシズムの危険が切迫していたから、もう一つの全体主義勢力＝ソ連共産党とコミンテルン（共産主義インターナショナル＝国際共産党）の本質が隠されていたわけである。実はこちらの全体主義のほうが、遥かに多くの人間を殺害し、人

▲チャップリンが演じる独裁者が、地球儀で遊ぶ有名なシーン

▲映画『チャップリンの独裁者』が制作されたのは1940年、アメリカはまだヒットラーのドイツと戦争状態ではなかったため、ナチスのカギ十字を映像化できなかった

◀しかし、「ハイル・ヒットラー」のスタイルをはじめ、あらゆる場面がヒットラー支配下のナチスドイツを表していた

▲突撃隊員のような男たちに殺されそうになる床屋。チャップリンは、独裁者と床屋の二役を演じた

▲どう見ても、ナチス党大会の演壇に並ぶ幹部たちにしか見えないが、やはりカギ十字を使うことはできなかった

『チャップリンの独裁者』　出典：川喜多映画記念館

 『チャップリンの独裁者』　出典：川喜多映画記念館

権を迫害していたのだが、その時点では正確な情報が巧みに伏せられて、世界は共産主義の真実を知ることができなかった。

さらに共産党の新しい革命方針が、彼らの本質を見え難くしていたのも留意すべきである。コミンテルン第七回大会は、ブルガリア共産党のディミトロフが反ファシズム、反帝国主義で一致できる勢力の結集を呼び掛け、ソ連をヒトラーと戦う頼もしい国家のように喧伝（けんでん）していた。いわゆる「人民戦線」による革命方式だ。

フランス、スペイン等では、人民戦線が結成され同組織を基礎に、共産党員を閣僚とする政府が樹立された。実際はフランスやスペインの共産党が、人民戦線内の極左派（トロツキー主義者や無政府主義者）を陰に陽に弾圧、迫害するなど、同革命路線は様々な負の問題（異なる意見を持つ勢力の粛清等）を抱えていたが、その点を解説すると話が長くなるので、詳しくは別の機会にゆずるとしよう。

ここで大切なのは、コミンテルンの新しい方針によって、それまで敵対関係にあった蒋介石（しょうかいせき）の国民党と毛沢東の共産党が、日本と戦うために協力し、抗日民族統一戦線を結成した事実である（第二次国共合作）。注目すべきは、現在の中国共産党の情報機関（統一戦線工作部）が、少し前まで敵視していた資本主義勢力の華僑とも連携し、日本国内の左翼、リベラル派、加えて自民党内の親中国派と結びつきを一層深めていることだ。これは同情報機関の名称が示すごとく人民戦線の現代版のように思える。

但し、習近平の中国共産党は、ウイグル族へのジェノサイドをはじめ、香港の民主主義破壊などに見られるように、独裁的、暴力的体質を露わにしているため、現在彼らの統一戦線工作はコミンテルンが採用した人民戦線とも違う。第二次世界大戦前に喩えるなら、今日の中国共産党はヒトラーのナチス党と同じ役割を果たしているため、中国の統一戦線工作部とは、かつてのようにヒトラーの独裁政治に反対し、広範囲の勢力を味方につける革命方式と異なり、名称だけは似ているが、いわば嘘と懐柔によって世界の人々を騙す、文字通りスパイ機関の一部所にすぎない。

毛沢東

そのため、統一戦線工作部の呼びかけに応じる連中も、かつてのナチズムに近い反民主主義勢力といってよいだろう。事実、香港や台湾では中国共産党の先兵として、マフィアや暴力団が重要な役割を果たしている。

この世の地獄ウクライナの大飢饉を描いた映画

ソ連やコミンテルンの本質が巧みに隠されていた当時の状況を知るうえで、格好の映画がつい数年前に制作された。一九三〇年代のウクライナの大飢饉（ホロドモール）を描いた『赤い闇スターリンの冷たい大地で』（二〇一九）。この作品は第二次世界大戦前のソ連と欧米諸国の関係を扱った実話を映画化したものである。これまで劇映画では、触れられることのなかったソ連の裏面史をリアルに再現していて衝撃的だ。

物語は一九三三年に始まる。英国人記者のガレス・ジョーンズは、世界恐慌の中でソ連だけが好景気にある謎を解き明かすために、ソ連の首都モスクワに赴いた後、当局の目を潜り抜けウクライナに潜入する。

そこで彼が目撃したのは、まさしくこの世の地獄だった。

飢えた民衆は死んだ家族の肉まで食べていたわけだが、当時の『ニューヨーク・タイムズ』モスクワ支局長ウォルター・デュランティは、なんとジョーンズの報告を否定し、「飢饉は事実ではない」とソ連とスターリンを擁護したのである。

さらに驚くべきことに、アメリカ大統領フランクリン・ルーズベルトも、デュランティの側につきソ連を国家承認し、やがて独裁者スターリンとの同盟の道を歩んでいく。歴史的事実の映画化だけに、観る者はショックを受けるのではないか。

本作は、イギリス、ウクライナ、ポーランドの合作映画だから、共産主義体制下の忌まわしい過去に目を背けず、正面から向き合っているが、現在のハリウッド映画界は、依然としてチャイナマネーの影響もあり、とてもこのような共産主義体制暴露の作品はつくれない。

ホロドモール。飢餓により街頭に倒れ込んでいる農民（1933年）

本章でも詳述したように、今のアメリカ社会は、ハリウッドだけでなく様々な分野に中国共産党の影響が浸透し、その意味で、本作は現在の米民主党政権と中国共産党の結びつきを、かつての米ソ関係とアナロジーしている。

また、テーマの今日性に留意する必要があるのではないか。どんなに国際的非難を受けても、ウイグル族へのジェノサイドをやめない習近平政権の残虐性を一つ挙げただけでも、共産主義の本質はスターリン時代となんら変わっていない。『赤い闇 スターリンの冷たい大地で』の政治的メッセージは明確である。

そういえば、ウクライナの凄まじい飢饉を隠蔽したルーズベルトも、現在のバイデンとよく似た民主党左派に担がれた年老いた大統領だった。バイデン大統領の中国共産党に対する姿勢は、一貫して弱腰で、その傾向は益々強まっている。

民主党政治の影響下にあるハリウッドだが、トム・クルーズ主演『トップガン・マーヴェリック』（二〇二二）で、映画完成時はクルーズの着るジャケットから消えていた日本や台湾の国旗が劇場公開版では復活しているので、中国への忖度をやめる等、多少の軌道修正をはかっている。しかしながら、作品のレベル低下や敵を中国としてイメージさせることさえしていない点など、基本的には現民主党政権と同じく中国との協調・協力関係に変化はない。

過去の民主党フランクリン・ルーズベルト政権と現在の民主党バイデン政権を比較検討するうえで、いま必要なのは、第二次世界大戦が始まる直前と戦時中のハリウッド映画を新たに解釈・整理し直すことである。

一九四〇年に『チャップリンの独裁者』が制作、公開されたのは、第二次大戦の火ぶたを切ったヒトラーとナチズムの危険性を世界に警告するためだったが、他方でソ連やコミンテルンがアメリカ映画界への浸透工作を行っていたのを見逃してはならない。

一九三三年、ルーズベルト大統領がウクライナのホロドモールを世界に隠して、ソ連との連携の道を歩んでいた事実は既に述べたが、その際ソ連とルーズベルト政権とを結びつけるうえで、大きな役割を果たしたのが『ニューヨーク・タイムズ』のモスクワ支局長だったのを思い出す必要がある（引用者：ウクライナの「飢饉は事実ではない」とデュランティ支局長がソ連とスターリンを擁護し、ルーズベルト大統領がその見解を支持したこと）。

同じ政治的立場は現在の『ニューヨーク・タイムズ』や、NBC等の三大ネットワークをはじめ民主党系大手メディアが似たような形で引き継いでいる。さらにハリウッド映画界と民主党政権の関係を考察していくと、一九四〇年代前半に時代が回帰しつつあるのではないか。そんな思いさえ抱いてしまう。

そこで、第二次世界大戦中に制作されたハリウッド戦争映画の重要作品をいくつか取り上げ、内容を確認してみたい。我が国では劇場未公開作品が多く、一般になじみはないが、DVD等で観ると、ルーズベルト政権の親ソ連派ぶりに今さらながら驚かされる。

スターリンを英雄視し、ソ連軍の闘いを賛美した当時の映画の内容を知ると、一九四〇年代末から一九五〇年代にかけて「赤の恐怖」や「赤狩り」がアメリカ社会を席捲(せっけん)した歴史的背景が見えてくる。確かに一九五〇年代のマッカーシズムは極端だったが、第二次世界大戦中のルーズベルト政権の親ソ連路線も極端だった。

アメリカは、イデオロギーが左から右へ、右から左へと大きく揺れ動くので、時々の国内情勢・雰囲気を固定的に見ると思わぬ誤りをおかすことになる。

米ソ同盟時代のハリウッド映画

そういう視点を持ったうえで、まず紹介すべきは、日本でも劇場公開された『誰が為に鐘は鳴る』（一九四三）。我が国での封切りはGHQによる占領支配が終了したばかりの一九五二年一〇月一日で、内外の政治状況を考えるとなかなか意味深長といえよう。原作がスペイン内戦に人民戦線側について戦った文豪アーネスト・ヘミングウェイだから、ナチスドイツと同盟を組んだフランコ政権に抗する反ファシズム戦士たちの勇敢な戦いを描いている。主演のゲイリー・クーパーとイングリット・バーグマンのラブストーリー風な宣伝広告が印象的だ。当時のハリウッドは、本作のようにスペインを舞台にしただけでなく、フランスや北欧等ヨーロッパ諸国でのナチスとの戦いを題材とした戦意高揚作品を数多く手掛けている。

戦時中、ドイツ軍の空襲に苦しんでいたイギリス国民を代表して、チャーチル首相が「本作がイギリスを救った」と感謝の意を表した戦意高揚映画の名作『ミニヴァー夫人』（一九四二）もアメリカが制作した。舞台がイギリスなので、登場人物が英語を話していて自然に見えるが、ほかのヨーロッパ諸国での戦いを描いた映画は、いま観るとドイツ兵が英語を話す場面では違和感を覚えてしまう。が、当時のハリウッドではそれが当たり前だった。

アーネスト・ヘミングウェイ

なかでもソ連の戦いを描いた作品は、以下に示すが言葉の問題は勿論、登場人物の描写を含む、社会や政治状況の扱いに、違和感どころか大きな誤解があったことが分かる。ハリウッドが対ドイツ戦のため大量生産したプロパガンダ映画には、ソ連軍のナチスドイツ軍との戦いを映像化した戦意高揚作品や、ソ連を好意的に扱ったものがいくつも

▲ハリウッドの大スター、イングリット・バーグマン（左）とゲーリー・クーパー（右）が共演したので、当時のアメリカでは大変な話題作となった

▲武器をかまえる人民戦線の兵士たち。クーパーやバーグマンの顔も見える

▲同じく主役の二人と兵士たちの雄姿を写したもので、映画のスチール、ポスター用ではないか

『誰が為に鐘は鳴る』
出典：川喜多映画記念館

散見される。そのほとんどが日本未公開だった。

『炎のロシア戦線』（一九四三）は、若き日のグレゴリー・ペックがソ連のゲリラ隊長に扮し、ドイツ軍の残虐な侵略に抗する話で、ラストのドイツ軍戦車との攻防戦はなかなかの迫力。販売されているDVD版の説明には「レジスタンス映画の傑作」と評されているほどである。特撮が未熟な時代に、車外の風景映像等でしばしば利用されたスクリーンプロセス技術を活用するなど、様々な工夫を凝らして戦闘場面を撮影しているため、制作側の意気込みが伝わってくる。但し、グレゴリー・ペッ

『炎のロシア戦線』ソ連のゲリラ隊長を演じたグレゴリー・ペック
画像提供：（株）コスミック出版

『ミニヴァー夫人』
出典：川喜多映画記念館

ク以下ゲリラたちがソ連人にはとうてい見えない。

『西部戦線異状なし』で映画史に名を遺すルイス・マイルストン監督の『北極星』（一九四三）は、確か小学生の時にテレビで観たはずだが、その時は子供だったせいか、ポーランド映画と勘違いしていた。同じころ、テレビでポーランド騎馬部隊の勇姿を映し出した記録フィルムを観たのが理由と思われるが、れっきとしたアメリカ製戦争映画である。本作は、ソ連の村人たちによって組織された騎馬部隊が、村をドイツ軍から解放する戦闘アクションがクライマックスとなっていて、主演はハリウッドスターのアン・バクスター、ほかにもダナ・アンドリュース等スター級の俳優が出演していた。

前半、村人たちの平和な暮らしぶりがゆったりと描かれ、ソ連人らしく見せているが、いま観ると、アメリカの田舎生活としか感じられない。歌と踊りのシーンはハリウッドのミュージカルそのものだ。舞台となっているソ連の場所は、現在ロシアに侵略されているウクライナで、大都会のキエフ（キーウ）に行った話が出てくる。

『先制攻撃』（一九四五）は、ソ連の正規軍の活躍を描いているが、ドラマの中心となっているのは、地下室に閉じ込められたソ連兵男女二人（男はポール・ムニ）が、数名のドイツ兵を捕虜にして、無事地上に出るまでのサバイバル劇。

捕えたドイツ兵の中に将校がいるのではないかなど、様々な疑惑・謎を抱えながら緊迫感が高まっていくため、戦争映画というより、ミステリサスペンスといったほうがいい。ドラマ展開の巧さは、脚本を書いたジョン・ハワードローソンのおかげともいえるが、同脚本家は、後に非米活動委員会に召喚され、共産党員かどうか追及される。赤狩りに抗したハリウッドテン（一九四七年アメリカの下院非米活動委員会に喚問され、証言を拒否したため議会侮辱罪で投獄され、ハリウッドを追放された一〇名の映画人）の一人だ。

また前述した『北極星』の原作、脚本を書いたのが、同じく非米活動委員会に呼び出された作家のリリアン・ヘルマンだったの思い返せば、彼女も第二次世界大戦中のアメリカとソ連の同盟関係が生み出した負の遺産の一人だったといえるかもしれない。ハリウッドの赤狩りでは、多くの映画関係者が様々な形で、人生を狂わされ破滅させられた。

ブラックリストに載り、仕事を奪われた人々だけでなく、エリア・カザンのように仲間を非米活動委員会に売ったとして、長年にわたりハリウッドから排除された監督もいる。実は、カザンのようにハリウッドから裏切り者扱いされた映画人は少なくない。

現時点から映画界の赤狩りやマッカーシズムの原因を探求していくと、結局第二次世界大戦中のアメリカ政府による親ソ連路線に行き着く。極端なソ連賛美が米ソ冷戦開始によって、今度は極端な反共ヒステリー状態を生み出した。ルーズベルト大統領がソ連との強固な同盟を推進した流れが、戦後の反共政策を極端なものにしたともいえるだろう。

ハリー・ホワイト大統領補佐官のようなソ連スパイが政権中枢にまで潜入し、当時のアメリカ政治がソ

『先制攻撃』ソ連兵士役の男女（右側の男性がポール・ムニ）　画像提供：(株) コスミック出版

『北極星』主役のロシア人娘を演じたアン・バクスター（右）　画像提供：(株) コスミック出版

連共産党に乗ぜられる結果を生み出したのも全て、第二次世界大戦以前から始まる民主党ルーズベルト政権の親ソ連路線のせいだと断言しても言いすぎではない。

親ソ映画の頂点『モスクワへの密使』

その決定的証拠ともいうべき作品が一九四三年に制作されている。これまで説明したように、当時はソ連が英米と同盟を組み、ナチスドイツと戦っていたので、『炎のロシア戦線』『北極星』『先制攻撃』等の親ソ作品をハリウッドがいくつも制作していたが、それらのソ連賛美映画でさえ、まだ生易しく見えてしまうほど極端なのが『モスクワへの密使』(一九四三)だ。

本作はルーズベルト大統領の要請によって、ジョゼフ・E・デイヴィスソ連大使の著書に基づき映画化された。冒頭、デイヴィス大使本人がカメラの前で、ソ連をほめちぎるのにまずびっくり仰天。

映画の中では、同大使をウォルター・ヒューストンが演じているが、その役柄は信仰心熱い、思慮深い人物として描かれている。彼のソ連での見聞記のドラマ化である。

なかでも、一九三〇年代後半のスターリンによる有名な大粛清＝「モスクワ裁判」を肯定し、告発されたソ連共産党幹部たちを断罪する場面は、ただ唖然とするしかない。「モスクワ裁判」とは、スターリン時代のソ連が行った「反革命分子」に対する「公開裁判」で、全部で三回実施された。「公開」することによって、大粛清を国際的に正当化する意味を持ったが、当時処刑されたほぼ全員が一九八九年に名誉回復され、現在ではまともな裁判ではなく、茶番劇にすぎなかったとされている。

本作は第三回目の「モスクワ裁判」、即ち一九三八年の「右翼トロツキスト陰謀事件」と称するブハーリンを裁くための法廷＝「二一人裁判」を題材としているようだが、法廷シーンの扱いが大雑把（おおざっぱ）で、歴史映画としてまったく評価できず、法廷劇としても出来がいいとはお世辞にも言えない。

それ以外でもあきれるのは、デイヴィス大使がソ連での任務を終え、帰国する際、最高指導者スターリンと会う場面。写真や肖像画で知られる独特の髭を生やしてはいるが、それほど本人に似ているとと思えない俳優が演じている。さらに温厚で立派なリーダーといった描写には、あきれて評する言葉を失った。

スターリンについては、今に至るまで様々な研究書が出版され、人物像に関しては、執念深さ、冷酷、残忍、復讐心を抱く等といった見方が定着している。映画史上『モスクワへの密使』のように、ヒトラーと並ぶソ連の独裁者を肯定的に描写した映画は、ソ連や共産主義勢力のプロパガンダ作品以外には制作されていない。

そのため、本作については多くの批判的意見が寄せられ、ハリウッド製のソ連プロパガンダ映画という特異な評価を与えられている。無論、共産主義の実態が隠されていた時代的制約を

『モスクワへの密使』実在したソ連大使ジョゼフ・E・デイヴィスを演じたウォルター・ヒューストン　画像提供：（株）コスミック出版

考慮する必要はあるが、このような極端な内容の親ソ連作品が、アメリカで堂々とつくられ、劇場公開されていた事実に着目すべきだろう。今でこそ異様に見えるが、当時は描かれた内容を信じ、感動した人も多かったに違いない。事実が捻じ曲げられ、嘘が拡散するとアメリカのような民主主義体制国家といえども、とんでもない世論がつくられる苦い教訓と言えるのではないか。その結果、東西冷戦が始まると、戦時中とは一八〇度違う「赤狩り」の嵐が吹き荒れる。

反ソ映画の先駆的作品『鉄のカーテン』

ソ連に対する見方が大きく変わる転機となったのは、第二次世界大戦後につくられたウィリアム・ウェルマン監督の『鉄のカーテン』（一九四八）。その理由は、映画の題名が、一九四六年三月にイギリスのチャーチル首相が行った冷戦の始まりを象徴する「鉄のカーテン」演説からつけられたこともあろうが、サイレント時代から知られる大監督ウェルマンが手掛けたからではないか。また本作の主役が、第二次世界大戦中の親ソ映画『北極星』でアン・バクスターと共演したダナ・アンドリュースだったのも影響しているかもしれない。

物語は、実際にカナダで起きた原子力秘密事件の映画化である。カナダに在住していたソ連大使館員イゴール・グゼンコ（ダナ・アンドリュース）が西側へ亡命し、ソ連のスパイ工作を暴いたサスペンスものだ。主人公のグゼンコが、大使館に保管してある機密文書を盗み出して西側へ逃れていく様をスリリングに描写しているが、カナダへ赴任してきたトップクラスのソ連スパイが、共産主義に嫌気がさし、祖国を裏切るまでの経緯を描いた部分は、やや説得力に欠ける。

それならば、少し遅れて制作された『赤きダニューブ』（一九四九）のほうが、遥かに第二次世界

座っているのが主役のダナ・アンドリュース。親ソ映画『北極星』で女優のアン・バクスターと共演したハリウッドスターとして知られている

カナダに赴任してくる時のソ連スパイ、グゼンコ（ダナ・アンドリュース　真ん中の人物）。この時は、まさか西側へ亡命するとは思っていなかった

『鉄のカーテン』　出典：川喜多映画記念館

大戦後の冷戦開始を告げる作品としてふさわしい。

本作は米、英、仏、ソ連に分割統治されたオーストリアのウィーンが舞台。そう聞くと、同時期に制作されたキャロル・リード監督の『第三の男』（一九四九）を思い出させるが、国際社会ではまだ左翼勢力が大きな力を持っていた時代である。ソ連から逃れてきた若い女性の悲劇的物語は十分に理解されなかった。

対する『第三の男』のほうは、ハリー・ライムを印象深く演じたオーソン・ウェルズをはじめ撮影、音楽等で高い評価を受け、両作品は比較された可能性が高い。『赤きダニューブ』は、米ソ将校たちの対立をリアルに描いたくだり等、骨太な政治ドラマが作品に重みを与え、なかでもソ連軍将校役ルイス・カルハーンの演技は実に見事だった。

冷戦開始期、共産主義の冷酷な本質を垣間見せるくだりが秀逸。当時のハリウッドも、同時期の反共メッセージを持った代表作と考えていたはずである。

本作以後、朝鮮戦争映画をはじめ、反共産主義的な内容を持った映画がつくられるようになるが、アメリカ国内を席巻した「赤の恐怖」、「赤狩り」時代以後については、前のページをめくり、もう一度読み直してもらいたい。

ソ連への送還を恐れるマリア（ジャネット・リー　寝ている女性）を英陸軍少佐（ピーター・ロフォード　座っている男性）はなんとか助けようとするが……

そうすれば、一九三〇年代から始まるルーズベルト政権の親ソ連派ぶりが、現在のバイデン政権の対中国政策へと引き継がれていく流れの共通性も見えてくるだろう。今、時代は第二次世界大戦前夜に回帰しつつある。

マリア（中央の女性）は、ソ連生まれのバレリーナだった

『赤きダニューブ』
出典：川喜多映画記念館

▲『第三の男』の有名なラストシーン。監督キャロル・リードの演出が高く評価され、彼の代表作品となった

▲主演のアリダ・ヴァリ（左）とジョセフ・コットン

▲"第三の男"ハリー・ライムを演じたオーソン・ウェルズ

『第三の男』 出典：川喜多映画記念館

第6章

安倍晋三元首相暗殺

安倍晋三元首相暗殺の第一印象

いよいよ本書のまとめに取り掛かる時がきた。最後の章では、二〇二二年七月に起きた安倍元首相暗殺について書くことで、締めくくりとしたい。というのも、同暗殺は戦後日本で起きた政治家へのテロとして最大級のものであるのは勿論だが、我が国の歴代総理大臣の中で最長の任期を務め、さらには、首相の座を退いた後も与党自民党の最大派閥のトップとなり、現実政治に絶大な影響力を持った大政治家の殺害事件である。ケネディ大統領暗殺問題を語るうえで、避けて通るわけにはいかない。

安倍元首相はケネディ大統領と同じく、国内で抜群の人気を誇り、国際的にも高い評価を受けていた一方、国内外で強固な政敵が存在する等、両者は極めてよく似た国家指導者だった。

さっそく事件のあらましから始めよう。二〇二二年七月八日一一時三一分頃、奈良市大和西大寺駅前で、参議院選挙の応援演説中の安倍元首相に、山上徹也（四一）なる男が手製の銃を手に背後から近寄り、二回発砲し二発目を撃った直後、元首相はその場に崩れるように倒れ込んだ。

この場面は、その瞬間を撮影した音声付きの映像がネット上に公開されたので、世界中の人が目撃することになった。

映像を観てまず感じたのは、安倍元首相の警備にしては、あまりに杜撰なので、わざと警備を手薄にしたのではないかと勘ぐってしまったほどである。ところが、今回の警備体制が、これまでの首相経験者たちの場合と変わらないと知り、警察の能天気さに呆れたとはいえ、今の日本であればさもありなんと思った。

中国の覇権主義、軍事的恫喝に及び腰の与野党政治家ばかりが目に付く中で、安倍元首相はずば抜けて愛国心が強く、勇気のある政治家だった。それについては、本人の好き嫌いに関係なく誰もが認めるところだろう。事件直後から、外国勢力に殺されたとの疑いが出るの無理もない。

安倍晋三

以上、暗殺事件のあらましを振り返っただけでも、五九年前ディーリープラザで起きたケネディ大統領暗殺を思い浮かべた中高年層は多かったに違いない。

ダラス市での警備についても、シークレットサービス(大統領警護隊)が、前日の夜飲酒していた件等が取りざたされただけでなく、オープンカーによるパレードをはじめ、警備体制の不十分さが話題となった。それでも撃たれた大統領は、八分でパークランド病院へ運び込まれ治療を受けている。

ところが、安倍元首相の場合、救急車は一〇分ほどで到着したにもかかわらず、現場でかなり待たされたあげく、病院に運び込まれた時には、銃撃されてから五〇分が経過していた。これでは、助かる命も助からない。

撃たれてから搬送され、治療を受けるまでの経緯については、『週刊文春』が四週にわたる「疑惑の銃弾」特集の第三回目で、ケネディのケースだけでなく、一九八一年にレーガン大統領が銃撃された際も、やはり八分で病院に搬送された例を挙げ、我が国の救急対応があまりにも遅いと指摘している。

日本のマスコミは暗殺をどう報じたか

日本マスコミの報道状況は、『週刊文春』以外では、まず月刊誌『Ｗｉ Ｌ Ｌ』（二〇二二年一二月号）に、高田純札幌医大教授の論考「二発目は空砲だった」がいち早く掲載され、事件の疑惑に触れている。

ほかには月刊誌「Ｈａｎａｄａ」（二〇二三年五月号）に載ったフリージャーナリスト山口敬之の「安倍総理暗殺『疑惑の銃弾』――『文春』が書かなかったもう一つの疑惑」と、『ＷｉＬＬ』（二〇二三年六月号）に高島修一衆議院議員の書いた「疑惑の凶弾――安倍最側近が執念検証」があるにすぎない（但し、山口敬之の安倍元首相暗殺事件追及連載企画が、二〇二三年七月号の『Ｈａｎａｄａ』から始まっている。同企画以外、若干のメディアが暗殺事件に触れてはいるが、ここではあえて取り上げる必要はないと判断した）。

要するにテレビ・新聞は、暗殺の謎に沈黙を続けているわけで、我が国のマスコミは、前述した週刊誌、月刊誌を除き、右へ倣え（なら）の状態といってよく、事件直後の『夕刊フジ』と一部スポーツ紙が、暗殺への疑問を記事にしたのが例外といえよう。無論、高田や山口などがＳＮＳで事件の真相を追求しているのは、マスコミ報道と区別すべきで、我が国の報道機関は、もはや無用の長物と化したというしかない。

私は、二〇二二年九月七日付の『夕刊フジ』で映画『ＪＦＫ』を引用し、安倍元首相暗殺をケネディ暗殺と比較し、犯人像の共通性も挙げながら、映画が描いた軍産複合体説だけでなく、本書で詳述した「キューバ・ソ連説」にも言及した。

確かに奈良県警や警察庁の対応は不可解といえるが、容疑者の裁判が始まる前の段階で、政府機関が捜査の状況ついて云々するのは無理である。

とはいえ、前述した『ＷｉＬＬ』『Ｈａｎａｄａ』『週刊文春』以外、事件の謎を追求した論考が、他のマスメディアで皆無なのは、明らかに異様。大手マスコミは「統一教会問題」報道一色に染まり、暗殺の謎は完全に無視された。争点そらしと感じた人も多いはずである。戦後最大の政治家暗殺に対するマスコミ報道のこの体たらくは、将来我が国の戦後史に記録されるに違いない。テレビや新聞などが衰退・消滅していくなかで、ＳＮＳに取って代わられる象徴的な出来事として語り継がれるだろう。

ケネディ暗殺と酷似したシナリオ

安倍元首相暗殺をケネディ大統領の場合と比較し、両事件の共通性と違いを分析しながら事の本質に迫ってみたい。

まず『Ｗ・ｉＬＬ』の高田論考で明らかなように、今回の事件は大量の映像記録が存在しているのに加え、現場での音声がクリアーな形で残されている。ケネディ暗殺時（一九六三年）に、一般国民が手にしていたのは八ミリカメラだけで、今日のように誰もがスマートフォンを持ち歩き、動画撮影ができるわけではなかった。しかも八ミリカメラはエイブラハム・ザプルダーのような、ごく限られた人が所持していたにすぎない。

一方、安倍元首相が撃たれた瞬間は、多数の聴衆が手にスマートフォンを持ち、撮影していたので、いくつもの動画と音声が記録され、犯行の一部始終が事件発生当初から細部にわたるまで明確となっている。この決定的な違いが、事件の謎を解く重要な鍵を握っているわけで、犯人は、多くの人が撮影しているのを百も承知のうえで、犯行に及んだと考えたほうがよい。動画や音声が世界中に拡散されるのを前提にした暗殺だったといえよう。

多分、私だけでなく、ケネディ暗殺の瞬間を映像で見た人なら、同事件を即座に思い出したはずである。六〇年前も、ザプルダーフィルムが世界で有名になり、いわばテレビ世代の暗殺事件第一号として、人々に記憶されているからだ。とすると、ケネディ、安倍両者のケースが重なって見えるのは偶然でなく、共通性を多くの人々が実感するよう最初から仕組まれていたのではないか。そのような疑惑が生じてくる。

さらには、殺害の瞬間映像が残っているだけでなく、犯人の素性が事件直後に素早くマスコミを通じて拡散された経緯も、極めてよく似ている。

山上の経歴で真っ先に報じられたのが、元海上自衛官だったのをご存じだろう。オズワルドも元海兵隊員というニュースが速報で流された。彼の場合、同時に「ソ連で生活した過去」や「共産主義者」といった思想や政治的背景も報じられている。

山上の場合は「統一教会に対する恨み」といった犯行の動機が執拗に報じられ、統一教会と安倍元首相の関係が盛んに取り上げられた。一連のマスコミ報道が持つ真の役割は、容疑者の単独犯行のイメージ定着化と、国民の世論の沈静化にあったのではないか。

時代背景にも共通性がある。現在の世界情勢が第二次世界大戦前を思わせると、本書で何度も書いてきたが、日本を取り巻く隣国との緊張関係でいえば、一九六二年のキューバ危機を彷彿とさせる。中国が、尖閣諸島、台湾への軍事的圧力をエスカレートさせている現実を見れば、事態は一触即発の段階に入ったといっていい。

両事件発生時の情勢から判断すると、暗殺の主犯と疑いをもたれる筆頭は、一九六三年なら、ソ連・キューバ等の共産国であり、現在ならば、中国、北朝鮮等の共産国となる。殺された国家指導者と鋭い敵対関係にある勢力が、犯人と目されるのはある意味必然だが、半世紀以上の隔たりがあるにもかかわらず、両政治家の敵対勢力までがそっくりなのにはさすがに驚く。

単独犯行への布石＝マスコミの統一教会フィーバー報道

ところで、「統一教会に対する恨み」が安倍元首相暗殺の動機との報道についてだが、暗殺の背後関係を混乱させるためのめくらましとの解釈も成り立つ。また、あわよくば「モリカケ問題」のような、安倍政治批判キャンペーンが再燃すればと考えていたとも推測できるが、私は統一教会報道フィーバーが、ケネディ暗殺事件から約半年後に出された「ウォーレン委員会報告」と同じ役割を担ったと見ている。

当時、フーバーFBI長官の発言が表していたように、「事件をオズワルドの単独犯行と国民に納得させる」のと同一効果を発揮したと解するのが、すんなりと腑に落ちるのではないか。第一章で、ボブ・ベアが「隠蔽」と厳しい言葉で批判したのを思い出してもらいたい。フーバー長官は、ケネディ暗殺をオズワルドの単独犯行として陰謀を闇に葬り去ろうとした。

その手法をジョンソン新大統領が、政府見解という形で確定させた公文書が、「ウォーレン委員会報告」だった。

山上はオズワルドのように殺されなかったから、現在同容疑者の裁判が進行中である。そのため「ウォーレン委員会」のような組織は立ち上げられなかったので、マスコミが同委員会の肩代わりをさせられ、統一教会フィーバーなる報道が生まれたのではないか。それに山上の裁判もどのようになるかも分からない。

奈良県警から山上容疑者の情報がリークされたというマスコミ報道も、以上の経過を踏まえてみれば極めて示唆的である。これから裁判が、単独犯説と世論の沈静化をさらに押し進めるだろうが、さてどれだけ説得力をもてるかははなはだ心もとない。それだけ、現在の我が国政府、検察、警察は、国民から信用を失ってしまっている。

ケネディ大統領と安倍元首相の事件を比べると、両指導者の国内外での政治的立場、暗殺瞬間のショッキングな映像、容疑者の人物像、戦争危機を背景とした情勢等、いずれも気味の悪いほどよく似ている。

確かに両事件の共通性は、類似の戦争危機状態が生み出した側面があるとはいえ、情勢論だけでは説明しきれないことが多く、その最たるものが、大和西大寺駅前での暗殺状況であり、同映像を分析すれば、両事件の不可思議な結びつきの意味が分かるのではないか。

あまりにも多い暗殺現場での謎

そこで、安倍元首相が殺害された現場での具体的な疑問を解説する。但し、本論考は暗殺の真犯人を探し、謎の全てを解明することが目的ではなく、あくまでケネディ暗殺との対比から分かる真相追及を主眼としているため、高田、山口、高島の論考に、『週刊文春』連載記事を加えた概略的な内容にとどまらざるを得ない。

まず、現場の暗殺状況説明では、高田の論考が、科学的検証性に優れ分かり易いので、同論考を中心に経過と問題点を記していく。

安倍元首相が撃たれてから、救命にあたった奈良県立医大の福島英賢教授は、「一七時三分、心肺停止のまま死亡が確認」とのニュースの後、致命傷について以下のように発言した。「頸部からの銃創が深く心臓に達し、大血管と心室を破壊し出血。頸部右前方に二ヶ所と左上腕に傷があった」。

同発表を受け、高田は「映像では、演台上での安倍さんは背後で生じた一回目の爆音に気づき、上半身を左向きに捩り、三秒後の二回目の爆音の後、前方へ戻りながら台から降り崩れていった。背後の下方から撃ったとされた計二回の〈散弾〉が、上方反対側にある右頸部前方に命中し、銃創が心室を破壊するのは、どう考えても不合理である」と説明している。

次に高田教授は、「一方、八日の深夜から翌日朝まで行われた奈良県警の司法解剖報告は奈良医大教授の報告とは大きな矛盾点があった。新聞発表された県警司法解剖報告は〈弾丸が首と左上腕部に命中、鎖骨下の左右動脈損傷が致命傷〉とし、〈首二か所目は銃創かどうか不明〉とした」と述べ、奈良県警と医大の致命傷報告に矛盾があるとしながら、「首にある銃創の一致点は注目すべき事実である。左上腕の銃創はあっても、背後にいる山上が発射した銃弾が安倍さんの右前方の頸部に命中することはない」と問題の核心に迫っている。

右前方頸部の銃創については、前述した山口、高島だけでなく、銃の専門家を含む多くの人がＳＮＳで繰り返し疑問を提起している。

さらに『週刊文春』も「疑惑の銃弾」連載初回で、同誌編集部が作成した被害者役の写真入りの図を示し、撃たれた「安倍元首相の態勢で右前頸部に弾が当たるかどうか、専門家の助言のもとに実証実験をおこなった」結果、「右前頸部になぜ弾が当たったのか、合理的な説明ができない」と記している。

それでは、右前方の頸部に命中した弾とはいったい何なのか。高田教授は、七月一一日にユーチューバーが公開した一〇分の一倍速の音声付きの映像（現在、動画削除）をコマ送りにし、銃声の音速、弾丸飛翔速度、そして元首相の頸部に弾丸が命中する物理現象を時系列で解析した。以下やや長くなるが、高田教授の時系列解析をそのまま引用する。

「山上の一回目の爆音が鳴る時刻二分二一秒の後、安倍さんが台上で上半身を左向きに回転させて後方を見る姿勢になる（二分四四秒）。そして二分四六秒の時に安倍さんの右襟が、一瞬右側（写真では左側）へ振れ、その後、二分四八秒の時に右襟が左側へ一瞬振れた。その同時刻に二回目の爆音が鳴った。

その直後の二分四九秒に安倍さんのマイクロフォンを持った右手が下がり、左を向いていた顔が正面に戻り、以後、二分五〇秒から二分五八秒、安倍さんの姿勢が前傾し、崩れ出した。映像にある選挙関係者の襟は動かず、安倍さんの右襟のみが一瞬振れた。

映像をよく見ると、シャツ右襟が振れた直後の複数のコマに、安倍さんの頸部中央付近に銃弾が命中し、出血が始まったと考えられる〈黒い点〉＝銃創が現れたのだ。その時刻は山上二回目の爆音前である」

『Ｗｉｌｌ』の記事では、文章の引用だけで写真がないうえに、この後に続く音声分析の所も削っているので、もっと正確な内容を知りたい人は、『ＷｉＬＬ』二〇二二年一二月号の同論考を読んでもらいたい。

高田は、時系列解析を踏まえ、以下のように結論を下している。

「頸部に命中した弾丸は、山上ではない別の人物が二分四六秒以前に発射したという証拠そのものである。安倍さんの生命を奪った真の狙撃者は他にいたことになる。山上は本当に実弾を発射したのだろうか」

山上容疑者の手製銃から発砲されたと見えるのは、実をいえばトリックで、空砲だったのではないか。安倍元首相を狙撃した人物は別にいたのではないか。同教授はそのように分析しているが、同様の見解を持つ人は少なくない。

今回の暗殺については、それ以外にも、山ほど不可思議な事実があることは読者もよくご存じだろう。本書でも触れた隙だらけの警備体制や、救急搬送が大幅に遅れたことなど、それこそ謎と思われる事項を挙げだしたらキリがない。詳しくは、本章の冒頭に挙げた月刊誌や週刊誌等をまず読まれるのをお薦めする。

仕組まれた暗殺現場での映像
――ケネディ暗殺と酷似しているのは偶然ではない

ここまで書いてきて、二つの暗殺事件を比較した意味が垣間見えてきたのではないか。第二章で、ケネディ大統領を狙撃したのは、オズワルド一人だったのが、暗殺五〇周年を記念して制作されたテレビ番組等によって論証されたことに触れた。

マンリカ・カルカーノ銃で、五・六秒間に三発命中させるのは不可能という見解や「グラシノールの狙撃者」をはじめ第二、第三の狙撃者がいたという陰謀論側の主張がことごとく否定され、オズワルド単独狙撃説が圧倒的に有力となった現状。

そしてそれが近年のケネディ暗殺映画にも影響を与えたことを思い出してもらいたい。

安倍元首相を殺害した真犯人は、ディーリープラザにおけるケネディ暗殺状況と、現在のオズワルドの単独狙撃説の定着を知って犯行に及んだと考えるべきではないか。

彼らはおそらく、映画『ＪＦＫ』等ケネディ暗殺論の変遷史を詳細に研究しているはずである。つまり、両事件が極めて似た様相を呈しているのは、ディーリープラザでの狙撃が、オズワルドの単独犯行とほぼ確定しているためといえよう。

高田の主張する、「山上容疑者の手製銃から撃った弾は空砲だった」とか、「別に狙撃者がいた」などの疑惑は、やがて、ケネディ暗殺事件と同じ経過をたどり、将来否定されるに違いない。はからずもその意図を含んでしまっているのが、大和西大寺駅前で撮られた複数の安倍元首相殺害映像というわけである。

既に書いたように、犯人側は世界中の人が見ているのを百も承知で犯行に及んだわけで、ケネディ暗殺と二重写しに見えるのは、山上容疑者による〝単独犯行〟確立への布石といわねばならない。

ケネディの場合も、狙撃犯複数説が盛んに主張されていたが、結局オズワルド一人による狙撃だったではないか。犯行を計画・実行した側はそう言いたいわけで、仮にその巧妙な印象操作が、世間に受け入れられなかったとしても、ディーリープラザでの事態と同じイメージを与えられれば、安倍元首相暗殺は功を奏したといえるだろう。ケネディ暗殺といえば、一般には藪（やぶ）の中の出来事であるからだ。

だが、暗殺犯側が描くシナリオは、そう思い通りにいかないのではないか。殺害現場の映像は諸刃の剣である。私が「犯行の一部始終が事件発生当初から細部にわたるまで明確になっている」と書いたのは、写された映像を解析すれば、安倍元首相を死に至らしめたのが何だったのかが容易に分かるからだ。

ケネディ暗殺の重要証拠とされたザプルダーフィルムと違い、今回は数多くのスマートフォンによって撮影されたクリアーな映像と共に、音声まではっきりと残っている（一九六三年当時、八ミリカメラで音声の記録はできなかった）。

実際、高田は前述した論考の中で、音の周波数と強さを可視化した解析技術＝スペクトル解析を用いて、耳では分からなかった音に含まれている細かな情報を時系列で理解できる図を示して、暗殺の経過を分かり易く説明している。暗殺の瞬間をスペクトル解析の図も使いながら、音声記録と映像を照らし合わせると、そこに驚嘆すべき事実が浮かび上がってくる。引き続き高田の論考を引用しよう。

「あらためて、狙撃の瞬間を記録なしの生の映像の音を聴いてみる。安倍さんの位置から北西方向七メートルにあるカメラの音声である。爆音〈ドゥオーーン〉、それから聴衆のざわめき、小さな音〈シュッピ〉、間髪を入れずに、二回目の爆音〈ドゥオーーン〉。

二回目の爆音の方が、一回目に比べてやや大きい。それは、山上が一回目を鳴らしてから、二～三メートル、記録カメラに接近したためである。小さな〈シュッピ〉は爆音よりも高音で少し詰まったみじかい音に聴こえる」

高田の解説は、長年放射線災害などの物理調査に取り組んできた理学博士だけに、先に引用した文章と同じく、科学的で厳密である。山上が持つ手製銃の音や別の人物による銃声については、的確な音声表現が印象的で、本来は小さい音だった〈シュッピ〉がはっきりと聴こえたのも、「私たちは安倍さんが右手に持ったマイクロフォンが、狙撃の瞬間の音を拾って演説用のスピーカー（二〇メートル先の街宣車）で増幅していたことに気づいた」と述べ、当初銃声は「三回」あったと報じられたニュースの謎まで解き明かしている。

以上述べてきたように、大和西大寺駅前での暗殺映像、音声記録は、異論をはさむ余地がないほど、安倍元首相を死に至らしめたものが何だったかを我々に教えてくれた。ここに挙げた証拠だけでも、山上容疑者の犯行でないという説に信憑性があることが、容易に理解できたのではないか。

ケネディ暗殺との比較でいうなら、今回は五〇周年を記念して制作されたドキュメンタリーにおける最新技術の映像解析よりも、遥かに優れた映像、音声解析がある。それゆえ、私はケネディ暗殺のイメージをダブらせた犯人側の思惑は、願い通りにはいかないのではないかと書いたわけである。

さて、ここで本章のまとめに入りたい。安倍元首相暗殺の件は、ケネディ暗殺を分析するにあたって、避けるわけにはいかないと感じながら、どのように文章化するか逡巡(しゅんじゅん)していた。書き終えた今は、事件現場での経過を具体的に取り上げて本当によかったと思っている。詳しく述べたように、二〇二二年七月八日、奈良西大寺駅前でのショッキングな出来事は、一九六三年一一月二二日、テキサス州ダラスで起きた悲劇に直結していた。

当初は、両事件の類似性をいくつか挙げるつもりだったが、まさかこのような締めくくりで書き終えるとは予想していなかった。書き進めるうちにこれは、単にケネディ暗殺に似ているのではなく、「同事件の再現だったのではないか」という思いが強くなっていった。その理由については、もう繰り返さないが、ともかく、最後の章にふさわしいものとなったといえるだろう。

なぜなら、本書の本来の主旨が、ケネディ暗殺の真相に迫り、事件の背後でうごめく闇の勢力に光をあて、同勢力がめぐらせていた謀略史の一端でも明らかにできればというものだったからだ。その意味では、思いのほかいい結末になった気がしてならない。

但し、安倍元首相の暗殺事件の背後にいる勢力が何であるかを明言するのは避けたい。確かに状況証拠は、無数といえるほど挙げられるが、結論を下すための決定的な証拠が欠けている。読者は本書を読み通し、それが何であるか各自で判断すべきである。

最後に、映画『JFK』の脚本を書いたオリヴァー・ストーンとザカリー・スクラーの忘れがたいメッセージを引用しよう。

〝過去を調べよ〟

〝過去の出来事はプロローグである〟

〝絶えざる用心が自由の代償だ〟

この作品を

真実を探求しようとする精神を持つ若者たちに捧げる。

(「映画『JFK』脚本：オリヴァー・ストーン&ザカリー・スクラー　より)

エピローグ

Congr… …nal R…

…ROCEEDINGS AND … 88th CONGRE…

…ASHINGTON, … …EMBER 25, 1…

…e Senate met at 12 o'clock
was called to order by the
tempore.

…ENDMENT OF SENATE
…ND CONGRESSIONAL R…

…r. METCALF. Mr. Pres…
…en and tragic death of the
…e United States since the
…t of the Senate on Friday
…ghly important and desi…
…in action should be tak…
…te prior to 12 o'clock noo…
hour to which the Senate
…urned.
…at action, with which Se…
…liar, was taken at an unoff…
…of Members of the Senate
majority leader and the
…er for 10 o'clock a.m., …
…r that such proceedings m…
legal effect, I submit the
…imous-consent request; …
…at the Senate Journal an…
…ent edition of the Con…
…ord, respectively, for Frida…
22, 1963, with respect to
motion for adjournment …
November 25, 1963, at
…, be amended, at the a…
…es, therein, to provide th…

…nal meeting of Se…
…majority leader, the
…tana [Mr. Mansfiel…
…leader, the Senato…
…Dirksen], was hel…
…in connection with a
…e funeral ceremonies
…t of the United State…

…ng was called to o…
…t pro tempore.
…lain, Rev. Frederick
…., offered the f…

…e living and of the
this hour we bow
…people's grief, Th…
…bing of a stricken
with the comfort th…
…t is in the darkne…
…kness and the light …
…e.
…ewardship in the b…
…s of the young and
has fallen at his …
to Thee, the Maste…
…en. In the profile …
…, and of faith whi…
…etched upon the d…
agitated times, in
…f leadership, we be…
…r America which a…

いったい、ケネディ暗殺論とは何であるか

第一章では、簡単にしか触れなかった二〇二〇年大統領選挙の不正問題と二〇二一年一月六日の議事堂乱入事件についてもう少し詳しく書くことで「エピローグ」に代えたいと思う。何しろ、ケネディ大統領暗殺については、百花繚乱(ひゃっかりょうらん)といってよいほど議論が百出し、調べれば調べるほど、語るべきことが湧き出てくる。だが、もういい加減に締めの文章に取り掛からなければならない。

私が最初に注目したケネディ暗殺の陰謀論は、「CIA・軍産複合体説」である。勿論、同説の正しさを確信したのは、映画『JFK』を観た時といえよう。が、本書での論考の中心となっているのは、映画『JFK』の見解と一般的には相いれない「キューバ・ソ連説」のほうだ。但し、両説は必ずしも矛盾するものではなく、むしろ資本主義と共産主義両陣営の思惑が複雑に絡み合い、お互いが関係しあっているのを、本書の読者は十分理解されたのではないか。歴史的にも、共産陣営の秘密工作と西側陣営の秘密工作は、冷戦期でも対立するだけでなくある場合には、両勢力が利用し合うことも少なくなかった。

その状況を最悪の形で表しているのが、現在のバイデン政権と中国の習近平政権との水面下での結びつきや、アメリカ国内での民主党や左翼による、トランプ前大統領とロバート・ケネディJRへの執拗な攻撃である。

六〇年前に起きたケネディ暗殺時における共産国ソ連・キューバ対アメリカの関係は、現在の共産国中国対アメリカ関係と全く同じとはいえないが、当時の民主党政権がケネディ暗殺の真相を隠蔽した事実などを振り返れば、類似した国内外の構図が浮かび上がってくる。

本論考は、その点では、バイデン政権がアメリカの政治・社会にもたらした大混乱の原因を探り、習近平政権との関係を考察するうえで、大いに参考になるのではないか。また、「プロローグ」で触れた東アジア諸国や、我が国の近現代史見直しに役立つだけでなく、もしかしたら、安倍元首相暗殺の謎を解く手がかりになるかもしれない。

ところで、我が国の大手マスコミが、アメリカの民主党系新聞、テレビ局の報道をそのまま垂れ流しているせいで、日本ではアメリカ政治の実態を正確に把握できない状況が続いている。日本国民のアメリカ国内情勢認識は、残念ながら二〇二〇年大統領選挙の時とそれほど変わっていない。それで、本文では書けなかったアメリカ政治・社会の様変わりした実態について解説していく。

アメリカ大統領選の大混乱とは!?

まず、今日のアメリカ政治・社会の大混乱の原因となっている二〇二〇年の大統領選挙について述べよう。第一章でも触れたように民主党はトランプ大統領を落選させるために、あらゆる手段を使ったわけだが、その主な方法は、コロナウイルス感染を理由とした郵便投票の飛躍的な拡大である。そのため、全国的に不正行為が頻発、同問題は、日本のマスコミも、トランプ側が抗議した事実ぐらいは報道した。

登録した有権者の数よりも多い、大量の票が投じられていたり、死んでいる人の投票が有効とされたり、明らかに不正と分かる事態が全国いたるところで発生。それらが、郵便投票によるものであるのは言うまでもない。民主党は不正選挙を戦略の中心に据えたわけである。

だが、各地で選挙不正行為の申し立てがあっても、各州の選挙管理者（州務長官）がそれを認めず、裁判所も不正投票を認めなかった。

その結果、バイデンの八一〇〇万票がトランプの七四〇〇万票を上回り、しかもその得票数が、オバマ元大統領が当選した時の約七〇〇〇万票をも越えるといった信じがたい状態が事実として認定される。

民主党は「選挙に不正はあり得ない」と繰り返し、大マスコミがそのプロパガンをおうむ返しに流し続けた。その主張は、民主党がかつて表明していた選挙についての見解とも明らかに違う。民主党の過去と現在の矛盾した立場が、不正選挙の存在を裏付けているともいえよう。「選挙に不正はあり得ない」は、今日、法的にも誤りであるのがはっきりした。二〇二二年一一月一日、コネチカット州裁判所が九月一二日に開票日だったBridgeport市長選挙の民主党内の予備選挙結果を無効とし、新たな選挙を実施するよう命令。郵便投票で不正があったのを明確に認めたのである。

現職市長の支持者と市職員が、人の見ていない隙に、大量の投票用紙を投票箱に入れているのを、監視カメラがとらえていた。同映像は、ユーチューブチャンネルの「カナダ人ニュース」が流しているので、誰でも見ることができる。

それ以外、ミシシッピ州Hinds郡第二地区民主党予備選挙等同じような不正選挙について裁判が行われているのを前述の「カナダ人ニュース」が伝えている。二〇二〇年の大統領選挙でも、投票所の監視カメラがとらえた不正投票の映像がユーチューブで相当流れていたが、結局不正はなかったとされただけに、コネチカット州裁判所の判断は極めて重要だ。

民主党は二〇一六年の大統領予備選でも、バーニー・サンダースが当選しているにも関わらず、不正な方法で結果をひっくり返し、ヒラリー・クリントンを大統領候補にすげかえた。その汚いやり口を、マイケル・ムーア監督が映画『華氏119』(二〇一八)で暴露している。その場面をDVD等で是非ご覧になってもらいたい。

党内で恒常的に不正選挙を繰り返している民主党が、一般の選挙で不正投票をしないはずがなく、二〇二二年のアメリカ中間選挙で、マスコミ等の予想が大きく外れ、民主党が議席を維持したのも、無論、郵便投票の影響が大きい。恐るべきことに、今のアメリカは民主党政権のため不正選挙がまかり通っている。

加えて、二〇二〇年の大統領選挙で、バイデン勝利をもたらした民主党側の「大スキャンダルもみ消し工作」について解説しよう。それは、バイデン大統領に大打撃を与える情報を隠蔽し、他方でトランプ前大統領がロシアと結託しているかのように印象操作した民主党のプロパガンダである。これなどはもはや謀略の類と言わねばならない。

大統領選挙投票日直前、バイデンの息子、ハンター・バイデンのパソコンから、本人のいかがわしい写真と共に、ハンターが関わった不法行為の数々が明らかとなり、それを保守系の新聞『ニューヨーク・ポスト』が、大々的に報じた。

ところが、バイデン政権と民主党が大マスコミや巨大情報企業（ビック・テック）を総動員して真相をもみ消したため、同ニュースは国民のもとには届かなかった。

その際、威力を発揮したのが、二〇二〇年一〇月のCIA等情報機関経験者五一名による「ロシアによる謀略」声明だ。ハンターのパソコンから流失した情報は、ロシアのニセ情報だと情報機関の権威者たちが集団で主張したのである。同声明を民主党系のマスコミが、大ニュースとして報じ、また巨大情報企業が保守系紙の『ニューヨーク・ポスト』の記事をフェイクニュースであると決めつけ。同記事に関する情報を削除した。

そのため、ハンターのパソコンによって暴露された彼のおびただしい数の不法・不正行為は、大統領選挙になんの影響も与えなかった。が、今では、五一人が連名で出した「ロシアによる謀略」声明は、全くの虚偽だったことが分かっている。声明に名を連ねた重要人物からの内部告発で、ハンターのパソコン情報は、ロシアの謀略ではなかったことが証明されたからである。しかも、FBIは早くからハンターのパソコン情報の正しさを知っていながら、その事実を隠していた。

現在、ハンター・バイデンは、問題のパソコンからの情報漏洩を機に、多くの不法行為が明確となり、その一部が裁判中であるのは、日本のマスコミも、ニュースで流し始めているので読者もよくご存じだろう。もし大統領選投票日前、「ロシアの謀略」声明が嘘と分かっていれば、父親のバイデンは間違いなく落選していた。

思い返せば、トランプ政権時代、民主党側が盛んに大統領攻撃の口実にしていた「トランプ大統領のロシア疑惑」なるものも、同問題を長期にわたり調査していたダーラム特別検察官が、二〇二三年五月に最終報告を出し、全くのデッチあげだったのが確定し、ようやく決着がついた。だが民主党は、今度は各地の左翼検察官を使い、でっち上げ裁判を性懲(しょうこ)りもなく始めている。もうこうなると、共産国家や開発途上の独裁国家となんら変わらない。以上、バイデン政権や民主党の嘘は挙げだしたらキリがないので、とっておきの大嘘をもう一つだけ解説し、同問題は終わりにしよう。

議事堂乱入事件の真相

二〇二一年一月六日、トランプ大統領の落選を知った支持者たちが、不正選挙に抗議するために全国からワシントンに集まり、大集会を開いた日の出来事。集会を終えて連邦議事堂に向かった群衆の一部が建物内に侵入し、トランプ支持者が銃で撃たれ死亡する等したため、バイデン政権は、この行動を民主主義に対する攻撃として非難し、トランプ大統領の演説が原因だったかのような宣伝を始めた。

さっそく下院に事件調査の特別委員会（一月六日委員会という）が設けられ、事件の調査が進められたが、議事堂内に入った群衆約一〇〇〇名が起訴されたにもかかわらず、政府や民主党側が主張していた、トランプ大統領の扇動を証明する証拠は一つも出てこなかった。またトランプ支持者によるクーデターといった極端な言い分を、証拠立てることもできなかった。

それどころか二〇二三年になって、バイデン政権や民主党の主張とは全く相反する事実が、驚嘆すべき映像によって白日の下にさらされたのである。保守系フォックステレビの超人気司会者タッカー・カールソンの番組で放映した映像が衝撃的だ。

事件が起きた当日の連邦議事堂内の監視カメラには、民主党系のテレビが繰り返し流していたトランプ支持者と警察が激しく衝突する場面とは、全く違う雰囲気の様子が写されていた。まず、議事堂内に入った人々が、まるで見学ツアーのように静かに行動している姿が印象的で、民主党系テレビが盛んに流していた暴力的イメージとは明らかに異なる。一部のトランプ支持者の過激な暴力を、CNN等が意図的に流布していたので、検察側がテロと判断し起訴した人々の平穏な行動を観て、驚いた視聴者が多かったという。

なかでも、連邦議事堂乱入を扇動した代表的人物として知られるジェイコブ・チャンドラー（バイソンの角をあしらった毛皮を着た写真等で有名な男）が出てくる議事堂内映像は驚くというより、ショッキングといったほうが適切な表現だ。

なんとジェイコブは、複数の議事堂内警察官に先導されて、例のバイソン角の姿のまま廊下や部屋を歩き回っている。警察官たちは彼を案内しているとしか見えない。「これはいったい何なんだ」というのが率直な感想である。

「フォックスニュース」が流したのは、監視カメラの一部に過ぎず、他にどんな場面があるのか興味津々だが、問題なのは、事件当日の同種映像が大量にあるにもかかわらず、なぜ長期間にわたって公表されなかったかである。理由は簡単で、公表前まで下院議長を務めていたナンシー・ペロシ民主党議員が、公にするのを拒否していたせいである。

それが今回のようになったのは、中間選挙の結果、下院で共和党が多数を占め、議長が共和党のマッカーシー議員に交代し、同新議長がフォックステレビに放映を許可したからである。

ペロシ元議長にはもう一つ疑惑の行動があるので、この際紹介しておく。彼女は一月六日当日、ドキュメンタリー作家と称する自分の娘にカメラを持たせ、議事堂内を撮影させている。同議長が側近を連れ歩くのを撮影している娘の姿を、議事堂内の監視カメラがとらえていた。この映像も公になっている。何のための撮影なのだろうか。

この不審な行動は、ペロシ議長がトランプ支持・不正選挙糾弾の大集会がワシントンで開かれるのを知りながら、連邦議事堂の警備体制をなんら強化しなかったのとあわせ疑惑をよんでいる。なによりも不可解なのは、スティーブ・サンド議事堂警察署長が警備体制の強化を要請したにもかかわらず、彼女はなんの対策を講じなかったばかりか、事件後、同警察署長に責任を負わせクビにしたことだ。その時の真相を、スティーブ・サンド元警察署長がタッカー・カールソンに詳しく話しているが、そのインタビューの放映をフォックステレビは中止にした。

さらに重大な真相が浮かび上がってきた。

最近のＦＢＩ内部告発で分かってきたのは、議事堂乱入時に、ＦＢＩが配置した覆面捜査官、協力者の人数は、当初数名ないし数十名と見なされていたが、地方支局から動員された者を含め、一〇〇名以上に及ぶのがはっきりしてきた。いくつかの写真や映像では、ＦＢＩと関係のある人物が議事堂侵入を煽っている姿も確認できる。

このような新事実の発覚は、ペロシ議長が、議事堂内監視カメラの映像公開を頑なに拒んだ謎を解く手がかりとなる。また、議事堂内に侵入したトランプ支持者を起訴するためＦＢＩの地方支局が、地域の被疑者を確認しようと、監視カメラ映像を見ようとしたが、ＦＢＩ本部はその要請に制限をつけ、事実上拒否した。

これもペロシの場合と同じ理由なのではないか。監視カメラ映像を公開すれば、ＦＢＩの覆面捜査官、協力者たちが、現場に大勢にいたのが一目瞭然となるからだろう。そう考えると、一月六日の出来事は、むしろ民主党側が仕掛けた「反乱」事件だったのではないか。そのような疑念が生じてくる。

それを裏付けるかの如く、タッカー・カールソンがいつもの鋭い舌鋒で、議事堂内の監視カメラ映像を解説した「フォックスニュース」は、全米で大反響を呼び、驚異的な視聴率をあげた。

さらに同番組の出演直後、タッカーがフォックステレビを辞めたのは、保守の中にも反トランプ派が隠然たる勢力を占めている現実に加え、連邦議事堂乱入事件の持つ闇の深さを知らしめたともいえよう。

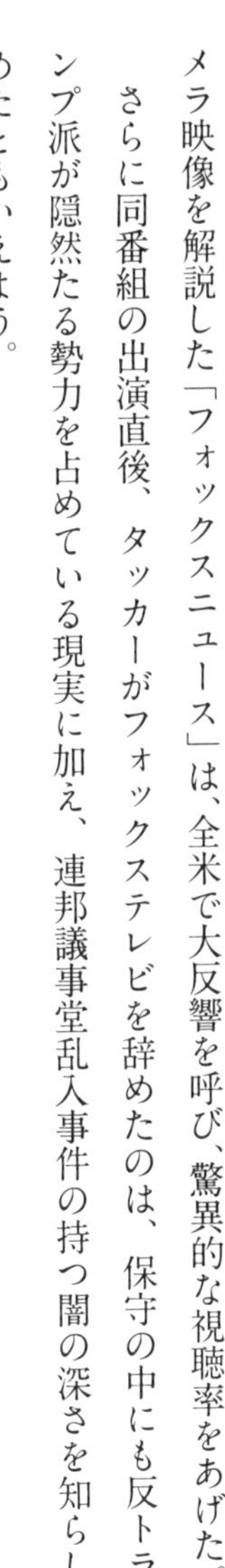

なぜ日本のマスコミはアメリカの不都合な話を報じないのか

これらの衝撃的なニュースを、なぜか我が国のマスコミは報じていないが、SNSを通じて日本の多くの若者たちは経過を知っている。ユーチューブやX（前・ツイッター）などはXの番組に登場し始めたタッカー・カールソンの映像を大量に流しているためだ。

一方、我が国のテレビや新聞でしかニュースを取得していない中高年層は、アメリカの様変わりした実態を知らない。年齢による情報格差が益々開いている。

しかし、アメリカの下院議会で共和党が多数を占めたので、ハンター・バイデンが外国（ウクライナ、中国、ルーマニア等）の企業から多額の金を受け取っていた方法、経路、マネーロンダリング等への下院議会の追及がスタートした。しかも、ハンターだけでなくバイデン・ファミリー全体への違法行為に対しても、下院の呼び出しを含め、調査が本格的に始まっている。

当然、バイデン大統領も様々な違法行為に関わっていた疑惑が続出し、民主党内部からも批判の声が多数聴こえるようになった。さすがに民主党系マスコミの一部（『ニューヨーク・タイムズ』等）も、ハンターの犯罪を報じるだけでなく、バイデン大統領への批判的意見を述べるように変化している。「バイデンは民主党の大統領候補としてふさわしくない」といった論調はその代表的なものだ。

おかげで、我が国のマスコミも、ようやくハンター・バイデンの裁判をはじめ、下院議会によるバイデン大統領の疑惑追及をニュースで流すようになった。トランプ前大統領に対する裁判報道のほうが、依然バイデン大統領に対する下院の真相究明報道より圧倒的に多いが、トランプ支持率が高くなる一方の現象を見て、アメリカの異変に気づき始めている我が国の中高年層も増えているように思う。

いずれにせよ、「エピローグ」で詳しく述べてきた現政権、民主党をめぐる数々の不正や不法行為、そして疑惑は、バイデン大統領の移民・経済などの失政等と合わせ、二〇二四年の大統領選挙で、その是非が問われることになろう。

そこで、二〇二四年末に行われる大統領選挙について、いくつか大切な事柄に触れる。現状では、トランプ前大統領が、現職のバイデンを大きくリードしているのが明確となった。

二〇二三年の一一月、大統領選の勝敗を決定する六つの州（共和・民主両党が僅差で争っているので「スイングステイト＝揺れる州」という）のうち、五つの州でトランプリードがはっきりしたので、勝敗は決したといわれている。だが、これまで説明したように、民主党には様々な秘密兵器＝郵便投票等があるので、本番の選挙でどうなるかはまだ分からない。

それでも、前回バイデンが当選した時と違い、トランプリードの世論調査数字が広く浸透しているため、今度、バイデンが同じような不正疑惑を持たれ勝利すると、選挙後、合衆国全土で危険な状態が生まれるかもしれない。それを危惧する声はかなりある。

また民主党に嫌気がさし、同党を辞め、無所属で立候補しているケネディ大統領の甥ロバート・ケネディJRの動向も今後の選挙戦に及ぼす影響が注目されている。

ロバートについては、既に暗殺未遂事件が複数回起きたのが報じられている一方、日本では話題になっていないが、トランプ前大統領の身に危険が迫っているのは言うまでもなく、民主党の進める司法による口封じができなければ、「最後の手段」に踏み切る可能性も否定できない。

暗殺問題が出たところで、最後に二〇二三年の一一月一七日に日本でも公開された映画『JFK／新証言　知られざる陰謀【劇場版】』（二〇二一）を簡単に紹介し、エピローグを終えたい。

CIA・軍産複合体説に基づくケネディ大統領暗殺映画『JFK』が、一九九一年に公開され大ヒットした翌年、その影響で「JFK大統領暗殺記録収集法」が米国議会で成立した。今回公開されればかりの新作は、『JFK』を制作したオリヴァー・ストーン監督が、「JFK大統領暗殺記録収集法」施行後の調査によって、明らかにされた新事実をベースにしてつくり上げたドキュメンタリー映画である。

同作品の後半には、オズワルド、反カストロ亡命キューバ人、それに『JFK』にも登場したデヴィッド・フェリー等、怪しげな連中の動向が描かれているだけでなく、ダラスでの暗殺直前に、シカゴやタンパ（フロリダ州）で起きた暗殺未遂事件も映像化されている。

ラスト近くには、ロバート・ケネディJRへのインタビューが出てくるように、六〇年前のケネディ大統領暗殺は、今日のアメリカ政治の現実と直結しているといわねばならない。共和党から大統領選に立候補しているトランプ前大統領への、司法を使った攻撃（アメリカでは司法の武器化という）、事実上の選挙妨害はその象徴である。

現在、一九六三年の時と同様、ＣＩＡ、軍産複合体、多国籍企業等、影の巨大組織が、バイデン大統領と民主党系マスコミを巧みに操り、合衆国を再び危険な道に引きずり込もうとしている。六〇年前、ダラスで起きた悲劇は、決して過去の出来事ではない。

あとがき

私にとって、ケネディ大統領暗殺事件の本を書くことは、少年時代の自分と向き合うのに等しい。当時の自分が何を考え、どんな思いでいたのか、それらの記憶をたどらずして、六〇年前の出来事を分析・推理するのは不可能だからである。それゆえ、少年期の心に深く刻まれた歴史的大事件の真相追及に、ここまで夢中になれたのではないか。

本が完成するまでには、今回も数多くの難関を切り抜けねばならなかった。幸い、ワニブックスの川本悟史氏の尽力のおかげで、思っていた以上に重厚なケネディ暗殺本に仕上げることができた。今、感謝の気持ちでいっぱいである。

最後に、本の執筆、出版をするうえで様々な方にご支援ご協力をいただいた。澤﨑清春氏、和地由紀子氏、松井清美氏、坂梨誠司氏、佐藤佑樹氏にはこの場を借りて厚くお礼申し上げる。

瀬戸川宗太

参考文献

〈ケネディ関係〉

ジム・ギャリソン／岩瀬孝雄 訳『ＪＦＫ　ケネディ暗殺犯を追え』（早川書房　一九九二年）
オリヴァー・ストーン、ザカリー・スクラー／中俣真知子、袴塚紀子 訳『ＪＦＫ　ケネディ暗殺の真相を追って』（テンプリント　一九九三年）
落合信彦『二〇三九年の真実　ケネディを殺った男たち』（集英社　一九七九年）
仲晃『ケネディはなぜ暗殺されたか』（日本放送出版協会　一九九五年）
瀬戸川宗太『「ＪＦＫ」悪夢の真実　ベトナム戦争とケネディ暗殺のシネマ学』（社会思想社　一九九五年）
マイケル・ベシュロス／筑紫哲也 訳『危機の年　ケネディとフルシチョフの闘い』上・下（飛鳥新社　一九九二年）
マイケル・ドブス／布施由紀子 訳『核時計零時1分前　キューバ危機13日間のカウントダウン』（日本放送出版協会　二〇一〇年）

マーティン・J・シャーウイン／三浦元博 訳『キューバ・ミサイル危機 広島・長崎から核戦争の瀬戸際へ1945―62』上下（白水社 二〇二二年）
大森実 監修／毎日新聞外信部 訳『ケネディ暗殺の真相 ウォーレン報告』（弘文堂 一九六四年）
フィリップ・シノン／村上和久『ケネディ暗殺 ウォーレン委員会 50年目の証言』上下（文藝春秋 二〇一三年）
ギャレス・ジェンキンズ／澤田澄江 訳『ジョン・F・ケネディ フォト・バイオグラフィ』（原書房 二〇〇六年）
奥菜秀次『ケネディ暗殺隠蔽と陰謀』（鹿砦社 二〇〇〇年）
藤本一美 編著『ケネディとアメリカ政治』（EXP 二〇〇〇年）

〈映画関係〉

大野裕之『チャップリンとヒトラー メディアのイメージと世界大戦』（岩波書店 二〇一五年）
双葉十三郎『ぼくの採点表Ⅰ―西洋シネマ大系1940、1950年代』『ぼくの採点表Ⅱ―西洋シネマ大系1960年代』（共にトパーズプレス 一九九〇年、一九八八年）
瀬戸川宗太『世界の戦争映画100年 1920～2020』（光人社NF文庫 二〇二〇年）

〈その他〉

レン・コロドニー＆ロバート・ゲトリン／猿谷要監修　斎藤元一・柴田寛二訳『静かなるクーデター「ウォーターゲート事件」20年後の真実』（新潮社　一九九三年）

フレッチャー・ニーベル、チャールズ・ベイリー／牛田佳夫訳『五月の七日間』（みすず書房　一九六三年）

小林俊一、加藤昭『闇の男　野坂参三の百年』（文藝春秋　一九九三年）

渡辺惣樹『ネオコンの残党との最終戦争　甦る米国の保守主義』（ビジネス社　二〇二三年）

ジョン・アール・ヘインズ、ハーヴェイ・クレア、中西輝政監修、山添博史訳『ヴェノナ　解読されたソ連の暗号とスパイ活動』（扶桑社　二〇一九年）

名越健郎『秘密資金の戦後政党史　米露公文書に刻まれた「依存」の系譜』（新潮選書　二〇一九年）

他の文献は本文を参照ください。

暗殺60年

機密文書と映像・映画で解く真相

2024年2月10日　初版発行

著　者　瀬戸川宗太（せとがわそうた）

校　正　大熊真一(ロスタイム)
編　集　川本悟史(ワニブックス)

発行者　横内正照
編集人　岩尾雅彦
発行所　株式会社 ワニブックス
〒150-8482
東京都渋谷区恵比寿4-4-9 えびす大黒ビル

お問い合わせはメールで受け付けております。
HPより「お問い合わせ」へお進みください。
https://www.wani.co.jp
※内容によりましてはお答えできない場合がございます。

印刷所　株式会社光邦
DTP　アクアスピリット
製本所　ナショナル製本

定価はカバーに表示してあります。
落丁本・乱丁本は小社管理部宛にお送りください。送料は小社負担にてお取替えいたします。ただし、古書店等で購入したものに関してはお取替えできません。

ISBN 978-4-8470-7401-1